デジタル時代の
契約書作成と
締結実務

吉川達夫
高仲幸雄　編著
飯田浩司

中央経済社

はじめに

2024年7月18日，米国マイクロソフトクラウドサービスや「ウインドウズ」搭載端末でシステム障害が一時発生し，航空会社の運航停止や遅延，欠航が生じ，証券取引所や銀行，放送局のシステムにも影響が広がり，会社パソコンが青画面となって業務に支障が出た。

サイバー攻撃でなく米国IT企業クラウドストライクのソフトウエア更新が引き金となったということである。このような事故のニュースを聞き，リーガル部門として契約書やリスク回避のために何をしておけばよかったか，これから何をすべきか考えさせられた。

デジタル時代において，リーガル部門は従前とは異なる対応が求められている。長い間使ってきた自社契約に追加や改定すべき条件，クラウドサービス契約といった新しい契約への対応，保険条件といった多くの契約書で使用されている条項の再レビューなどである。

契約書作成からデジタルサインまで契約書作成サブスクリプションサービスを使い，AIで契約書検討を行う時代になった。リーガル部門を取り巻く環境が激変するデジタル時代において，変化に対応し，契約書作成やレビューのみならず社内制度をどうするかについて悩むのである。

本書は，こういったデジタル時代の法務業務を行うにあたり，必要な法務知識を示し，契約書作成やレビューをアシストする。

第1部は「デジタル時代における法務実務」として，法律とデジタル時代のリーガル部門が知るべき論点やルールを理解できるようにした。第2部「デジタル時代の国内契約」と第3部「デジタル時代の国際契約」においては，新しい契約条項を含む従来契約，新しいタイプの契約書を示し，ダウンロード可能とした。第4部の「判例編」（国内・海外）では参考となる重要事件を示した。

総合商社の法務部退職後，米国外資企業日本法人 5 社に勤務して25年目になる本年に，本プロジェクトに弁護士や企業法務家に賛同していただき，本書を出版できたことに心から感謝している。ほぼ30年前から数々の書籍出版でお世話になった中央経済社の杉原茂樹氏にご快諾いただき，出版できたことに改めて御礼を申し上げる。本書が実務の一助になることを心から願うものである。

2025年 3 月

編著者代表　吉川達夫

　本書は法律意見書ではなく，本書およびダウンロードにより提供する各種契約書は，読者の所属組織あるいは個人の使用目的に合わせ，修正して契約書を作成するためのサンプルとしてご提供しています。国際契約においては，相手国弁護士を含めて事案に応じて専門家のアドバイスをお受けください。

　なお，出版社，各編者，執筆者は，本書の使用に伴い発生する可能性のあるいかなる損害についての責任を負うものではありません。

目　　次

はじめに・1

■■■　第1部　デジタル時代における法務実務　■■■

第1章　デジタル時代のリーガル部門とは ——————— 3

1　リーガル業務の変化・4

2　リーガルオペレーションの重要性・5

3　情報セキュリティ管理体制について・6

4　情報共有の国際化・7

5　コンプライアンス強化と域外適用・8

第2章　生成AIを利用した法務業務 ——————— 9

1　法務部門の効率化とAI活用・10

2　生成AI活用の法務実務・10

　（1）契約書審査業務におけるAIの活用・11

　（2）契約書管理業務におけるAIの導入・11

　（3）社内外からの問い合わせ自動対応・12

3　AI活用と社内制度設計・12

　（1）プロンプト作成のルール・12

　（2）機密情報の取り扱い・13

　（3）法務の最終判断・14

ii 目　次

　　　（4）社内ガイドラインの作成・14

　4　AI活用による影響・14

　5　法務におけるAI活用の考え方・15

第3章　契約交渉時におけるセキュリティ要件と法務部の役割
─────────────────────────────────── 17

　1　契約時におけるセキュリティ要件・19

　　　（1）電子契約におけるセキュリティ・19

　　　（2）契約とセキュリティ要件・20

　2　セキュリティに関する法務部の位置づけ・21

　　　（1）セキュリティ要件を反映する段階：デザイン時，使用時，終了
　　　　　時・21

　　　（2）組織とセキュリティ・22

　　　（3）会社でのセキュリティ対策の推進方法・23

第4章　電子署名法，e-文書法，電子帳簿保存法 ────── 25

　1　電子署名サービスと電子署名法・27

　2　e-文書法の要件・28

　3　電子帳簿保存法の規制緩和・29

　4　実務ポイント・30

　　　（1）文書電子保存とデータ保存期間・30

　　　（2）電子保存とリーガルホールド・30

　　　（3）労働条件通知書やクラウドサービスによる雇用契約書は電子取引
　　　　　データか・31

　　　（4）紙による契約書を電子保存した場合，電子契約と言えるためには
　　　　　どうすれば良いか・31

目　次　iii

第5章　国内契約と国際契約におけるデジタルサインの実際
――――――――――――――――――――――――――――― 33

1　デジタルサインがもたらすメリットと課題・34

（1）契約当事者間での業務効率化・34

（2）コスト低減・35

（3）ビジネス機会の獲得・35

（4）対人業務の削減（リモートワークの推進）・35

（5）コンプライアンス・ガバナンスの強化・35

2　デジタルサインの法的根拠・37

3　デジタルサインの実際・39

4　国内契約におけるデジタルサインの実際・39

5　国際契約におけるデジタルサインの実際・40

6　実務ポイント・40

（1）電子契約，デジタルサインの運用上の留意点・41

（2）法的に電子契約化に条件が課されているもの（国内契約）・42

（3）法的に電子契約化が認められず，書面での契約締結が必要なもの
（国内契約）・42

（4）法的に電子契約化が認められず，書面での契約締結が必要なもの
（国際契約）・42

（5）PDF交換による契約締結（国際契約）・42

第6章　デジタル時代における労働契約の締結・変更の方法
――――――――――――――――――――――――――――― 45

1　労働条件通知書の電子化・46

（1）電子メール等による明示方法・46

（2）電子メール等による場合の明示方法・46

（3）運用上の注意点・47

iv 目　次

2　労働契約の締結・47

（1）労働条件通知書との関係性・47

（2）電子署名の場合の注意点・48

（3）社内規程の確認・49

3　労働契約の変更・49

（1）変更内容や変更手続の記録化・49

（2）電子メールやweb会議を利用する方法・50

（3）記載事項・50

■■ 第2部　デジタル時代の国内契約 ■■

第1章　販売代理店契約 ———————————— 53

1　契約書チェックポイント・55

（1）独占的な販売権の付与（第3条）・55

（2）販売地域（第3条，第4条第2項）・55

（3）最低購入数量（第7条）・56

（4）納品（第8条第1項)・56

（5）検査・検収（第8条第2項ないし第5項）・57

（6）契約不適合責任・品質保証（第11条）・57

（7）損害賠償責任（第13条）・58

（8）契約期間（第17条）・59

〔販売店契約書〕——— 61

〔代理店契約書〕——— 70

第2章　サブスクリプションサービス契約 ——————— 75

1　本モデル契約の概要・76

目　次　v

　2　契約書チェックポイント・77

　　（1）サービス提供（第2.1条）・77

　　（2）顧客データアクセス（第2.2条）・77

　　（3）データセキュリティポリシー（第2.3条）・77

　　（4）サービスレベル（第2.3条）・78

　　（5）支払条項（第5条）・78

　　（6）限定保証条項（第6条）・78

　　（7）責任制限（第8条）・79

　　（8）反社による解除（第11.2条）・79

　〔サブスクリプションサービス契約書〕── 80

第3章　サブスクリプションサービスパートナー契約 ── 87

　1　サブスクリプションサービスパートナー契約の概要・88

　2　契約書チェックポイント・88

　　（1）本サービスの定義（頭書）・88

　　（2）指名（第1条）・89

　　（3）特約店プログラム（第2条）・89

　　（4）個別売買契約（第3条1項）・89

　　（5）ディールレジストレーション（第3条2項，別紙1）・89

　　（6）データセキュリティポリシー（定義.第3条5項）・90

　　（7）顧客による使用許諾条件確約（第4条2項）・90

　　（8）本サービスの顧客への提供条件（第6条）・90

　　（9）秘密保持（第7条）・91

　　（10）知的財産権侵害（第8条）・91

　　（11）責任制限（第11条）・91

　　（12）反社会的勢力の排除（第12条）・91

　〔サブスクリプションサービスパートナー契約書〕── 92
　〔別紙1　特約店プログラム〕── 98

vi 目　次

第4章　商品化契約 ———————————————— 99

1　商品化契約の概要・100

2　契約書チェックポイント・100

（1）利用許諾（第1条）・100

（2）許諾地域（第1条（許諾条件））・100

（3）契約期間（第2条）・100

（4）対価（第3条）・101

（5）品質管理（第5条）・101

（6）権利の帰属（第10条）・101

（7）残存条項（第15条）・101

〔商品化権許諾契約書〕——102

第5章　知財関係契約 ———————————————— 107

1　知財関係契約の概要・108

2　契約書チェックポイント・109

（1）委託業務の内容・遂行（第1条）・109

（2）検収（第3条）・111

（3）本契約が中途で終了した場合の委託料の清算（第6条）・111

（4）知的財産権の帰属（第8条）・112

（5）第三者が保有する権利の侵害（第9条）・112

（6）委託者の契約解除権（第14条）・112

〔デザイン制作業務委託契約書〕——113

第6章　秘密保持契約 ———————————————— 121

1　契約書チェックポイント・122

（1）頭書部分（簡便な差し入れによる方法について）・122

目　次　vii

　　（2）秘密情報（第1条）・122

　　（3）秘密情報の例外（第2条）・122

　　（4）守秘義務（第3条）・123

　　（5）開示対象者（第4条）・123

　　（6）目的外使用の禁止（第5条）・123

　　（7）秘密情報の正確性，完全性（第6条）・123

　　（8）秘密情報の返還および破棄（第7条）・124

　　（9）本契約の有効期間（第9条）・124

　〔秘密保持契約書〕—— 125

第7章　労働契約 ——————————————————— 129

　1　労働契約の概要・130

　2　契約書チェックポイント・131

　　（1）契約期間（第1条）・131

　　（2）就業場所（第2条），従事すべき業務（第3条）・131

　　（3）労働時間（第4条），休日（第5条）・132

　　（4）休暇（第6条）・132

　　（5）給与（第8条）・132

　　（6）法令・就業規則との関係（第16条）・133

　　（7）相談窓口（第17条）・133

　　（8）末尾部分・133

　〔労働契約書〕—— 134

第8章　フリーランス業務委託契約 ———————— 139

　1　フリーランス業務委託契約の概要・141

　2　契約書チェックポイント・142

　　（1）対価額（第5条1項および第7条3項）・142

viii 目　次

（2）支払期日（第5条2項）・142

（3）遅延損害金（第6条）・143

（4）就業環境の整備（第11条）・143

（5）中途解約および解除の場合の予告（第13条，第14条）・143

〔業務委託契約書〕── 145

第9章　業務委託在宅勤務確認書 ──── 151

1　業務委託在宅勤務確認書の概要・152

2　契約書チェックポイント・152

〔確認書〕── 154

■■ 第3部　デジタル時代の国際契約 ■■

第1章　Distributorship Agreement/Sales Agency Agreement（販売代理店契約）──── 159

1　販売代理店契約の概要・160

2　契約書チェックポイント・160

（1）販売店の指定（第1条）・160

（2）広告，マーケティングおよびトレーニング（第2条）・161

（3）価格，注文（第3条）・161

（4）検査（第4条）・161

（5）支払（第5条）・161

（6）知的財産権（第6条）・162

（7）秘密保持（第7条）・162

（8）（品質）保証（第8条）・162

（9）損害賠償（第9条）・162

目　次　ix

　　　（10）製造物責任（第10条）・163

　　　（11）契約期間，解除（第11条）・163

　　　（12）一般条項（第12条）・163

　　〔Distributorship Agreement〕── 164

第2章　Non-Disclosure Agreement（守秘義務契約）── 173

　1　契約書チェックポイント・174

　　　（1）守秘義務条項（第1条）・174

　　　（2）秘密情報（第2条）・174

　　　（3）黙示の合意の不存在（第3条，第10条）・175

　　　（4）関係者への開示（第4条）・175

　　　（5）契約の有効期間（第5条）・175

　　　（6）情報の返還（第6条）・176

　　〔Non-Disclosure Agreement〕── 177

第3章　SaaS Subscription Agreement （SaaSサブスクリプション契約）── 183

　1　SaaSサブスクリプション契約の概要・184

　2　契約書チェックポイント・184

　　　（1）注文請書（第1.5条）・184

　　　（2）利用地域（第2.1条）・185

　　　（3）利用制限（第2.2条）・185

　　　（4）サービスレベル契約（SLA），データプロテクション条件
　　　　　（第2.3条，第2.4条）・185

　　　（5）知的財産権（第3条）・185

　　　（6）料金支払（第4.1条）・185

　　　（7）税金支払（第4.2条）・186

　　　（8）契約期間（第5.1条）・186

x 目　次

　　（9）契約解除の効果（第5.2条）・186

　　（10）表明保証（第6.1条）・186

　　（11）履行（第6.2条）・186

　　（12）免責（第6.3条）・186

　　（13）損害賠償（第7.1条）・187

　　（14）責任制限（第8.1条）・187

　　（15）責任例外条項（第8.2条）・187

　　（16）秘密保持義務（第9条）・187

　　（17）一般条項（第10条）・188

　〔SaaS Subscription Agreement〕── 189

第4章　Employment Agreement（労働契約）── 199

1　労働契約の概要・200

2　契約書チェックポイント・200

　　（1）契約期間（第1条）・200

　　（2）就業場所，業務内容（第2条，第3条）・200

　　（3）労働時間・休日（第4条，第5条）・201

　　（4）時間外・休日労働（第6条）・201

　　（5）給与（第7条）・201

　　（6）支払方法（第8条）・202

　　（7）退職（第9条）・202

　　（8）解雇（第10条）・203

　　（9）貸与金品等の返還（第11条）・203

　　（10）遵守事項（第12条）・203

　　（11）懲戒，損害賠償（第13条，第14条）・203

　　（12）準拠法・管轄（第15条）・204

　　（13）契約書以外の合意（第16条）・204

　　（14）電子署名（末尾部分）・204

　〔Employment Agreement〕── 205

目　次　xi

■■ 　第4部　判例編　■■

第1章　国内判例 ——————————————— 215

1　秘密保持義務などが争われた事例
（大阪地判令和5年8月24日（裁判所HP））・215

（1）事案の概要・215

（2）裁判所の判断・215

（3）コメント・215

（4）企業法務部の視点・216

2　電子署名により締結された契約が有効とされた事例
（東京地判令和元年7月10日（平成29年（ワ）11641号））・216

（1）事案の概要・216

（2）裁判所の判断・216

（3）コメント・217

（4）弁護士の視点・217

3　東起業事件
（東京地判平成24年5月31日判決（労働判例1056号19頁））・218

（1）事案の概要・218

（2）裁判所の判断・218

（3）コメント・218

（4）弁護士の視点・219

4　アマゾン著作権違反申告事件
（大阪高判令和6年1月26日判決）・219

（1）事案の概要・219

（2）裁判所の判断・219

（3）コメント・220

（4）知財弁護士の視点・220

xii 目　次

5　ブラウン管事件最高裁判決（最（第三）判平成29年12月12日
（民集71巻10号1958頁・審決取消請求事件））・221

（1）事案の概要・221

（2）裁判所の判断・221

（3）コメント・221

（4）弁護士の視点・222

第2章　海外判例 ——————————————————— 223

1　Fabian v. Renovate Am., Inc., 42 Cal.App.5th 1062 (2019)
255 Cal.Rptr.3d 695（米国判例）・223

（1）事案の概要・223

（2）裁判所の判断・223

（3）コメント・223

（4）米国弁護士の視点・224

2　Solartech Renewables LLC v. Vitti, 156 A.D.3d 995; 66
N.Y.S.3d 704（2017）（米国判例）・224

（1）事案の概要・224

（2）裁判所の判断・225

（3）コメント・225

（4）米国弁護士の視点・225

3　メタ・プラットフォームズ・アイルランド・リミテッド（メタIE）
の質問に対するアイルランド情報保護委員会（DPC）の結論
（2023年5月22日）（アイルランド判例）・226

（1）事案の概要・226

（2）裁判所の判断・226

（3）コメント・226

（4）弁護士の視点・227

第1部

デジタル時代における
法務実務

第1章

デジタル時代のリーガル部門とは

ポイント

- リーガル部門の企画部門（リーガルオペレーション）は，デジタル時代のリーガル部門として，契約書テンプレートの見直し，契約書レビューのルール化，リーガル部門のIT化，電子署名，社内承認プロセスにおけるリーガル部門の役割設定などを推進する。
- デジタル時代においては，新しいタイプの契約のみならず，従来から使用している契約についてもテンプレート見直し，レビューのルール化が必要である。
- 契約書の作成とレビューには，ファイナンス，税務，与信部門など従来から連携してきた部門に加え，ITセキュリティ，プライバシー部門などとの連携が必要である。
- プライバシー，セキュリティ，コンプライアンスなどのポリシー策定には，リーガル部門が重要法令に基づき関与し，社内全体に助言できる体制を整える。
- 調達先との契約に先立って行われるベンダー，サプライヤー，サービスプロバイダなどベンダーレビューの体制確保に協力する。
- グローバルに広がる企業活動の法務領域とその適法性に対応する。

≪関連法とキーワード≫

GDPR（EU一般データ保護規則）：個人データ保護やその取り扱いについて定められたEU法令。日本企業がEU加盟国に子会社，支店などを有している場合に対象となる。EU域内に拠点がない場合でも，域外適用として商品やサービス提供のためにEU個人情報を処理する場合，適用を受ける可能性がある。

CPRA（California Privacy Rights Act of 2020）：CCPA2018の改正法。カリフォルニア州で事業を行う企業等がカリフォルニア州の消費者の個人情報を

取得する等する場合，知る権利，削除する権利，個人情報の販売や共有からのオプトアウトの権利，未成年者のオプトインの権利，訂正する権利，機微情報の制限の権利，権利行使により差別されない権利を定める。

SSL（Secure Sockets Layer）：認証局の発行した証明書に基づいてwebサイトの身元を証明し，インターネット上でデータを暗号化して送受信する仕組み。

1　リーガル業務の変化

　デジタル時代においてはリーガル業務が変革を迫られている。まず，契約そのものの内容について，従前にはなかったセキュリティ条件といった新しいビジネス要件や法令に準拠することが求められる。また，デジタルとは対極のコンセプトともいえる暴対法対策条項など過去の契約書に含まれなかった条項も必要となってきているが，これはコンプライアンス強化の要請という変化から必要となったものである。契約書締結においては，デジタルサインが利用され，紙による締結が減少しているが，法律上の根拠と有効性を事前に確認し，先方が異なるデジタルサインサービスプロバイダーを利用した場合において，どうするかといったルールを策定する必要もある。海外への個人情報を含むデータ移転がある場合，GDPRやCPRAに基づく契約条項や契約書が作成されているか確認しなければならない。情報セキュリティ管理体制条項を盛り込む契約書のタイプを理解することも必要である。例えば，自社webがSSL対応をして証明書を発行することに関する法令があるのかといったことに対応するように，リーガル部門は単に営業部門のために業務を行うわけでなく，その領域が広がり続けるのである。

　リーガル部門による契約書検討は，従来どおりの基準だけで行うことはできず，リーガル部門ですべてに対応できるわけではないため，セキュリティ部門，IT部門，個人情報保護部門など他の部門との連携が必要となる。契約書の検討は個々のPCにおいて行うのでなく，客先ごとのデータスペースからその客先向けの契約書テンプレートをクラウドサービス上で作成し，レッドラインバージョンが客先から出された場合，データスペースに修正レッドラインバー

ジョンをアップロードし，リーガル部門は通知を受けた後，Wordの拡張機能[1]を使って，修正版をクラウドサービスにアップロードし，交渉がまとまった場合，最終PDFバージョンをクラウドサービスからデジタルサインができるようにする運用が可能である。締結済電子契約は，PDFとして客先ごとのデータベースに保存され，検索や修正契約を作成するときにも容易である。なお，AIによる契約書レビューも行われるようになり，リーガル部門においてその活用方法を定める必要がある。

2　リーガルオペレーションの重要性

　リーガルオペレーションは，米国会社のリーガル部門に置かれる法務企画課による法務部門運営である。個別案件ではない全体に影響するリーガル部門の根幹に関わる事項は，個々の案件を担当するリーガル担当者が判断するのではなく，リーガルオペレーションが以下の業務などを担当する。

リーガルオペレーションの担当業務例
・テンプレート契約書の作成と定期レビュー
・テンプレート契約書作成ツールの導入と運用
・AI契約レビューツールやデジタルサインツールの導入と運用
・印鑑デジタルサイン使用規定の導入と運用
・紙契約の保存ルール策定と実際の保管
・法務業務の社内，部内承認プロセスの策定
・契約書印紙税ポリシーの策定と運用
・契約書，書類保存ポリシーの策定と運用
・リーガル情報の社外ならびに社内への発信

---

[1]　Word拡張機能のCongaを利用した場合，SFDC（SalesForce）から自動生成されるテンプレートを修正して契約書第一ドラフトを作成し，その後客先レッドラインバージョン変更版をSFDCデータベースにアップロードし，これに対する自社変更バージョンを作成，最終版について社内承認をウェブ上で行った後，DocuSignでサインするプロセスを想定した。

6 第1部 デジタル時代における法務実務

・外部法律事務所の選定と起用ルール，支払いについてサブスクリプションサービス経由予算，承認，支払いなどの運用を行う
・リーガル内部の予算，人事

3 情報セキュリティ管理体制について

　契約締結に先立ち，ベンダー，サプライヤー，サービスプロバイダなどの情報セキュリティ管理体制をレビューし，実施できているか，できていない場合には代替策を講じている等の理由を報告させることが行われる。委託者である場合と受託者である両方の場合においてリーガル部門は関与する。なお，再委託先の起用が認められる場合は，その再委託先も含めた回答を求めることが必要になる。

確認項目	内　　容
情報セキュリティ管理手続	・社内情報セキュリティ管理手続きがあるか，責任者は誰か ・顧客情報取扱い部署への入退室管理（鍵ならびに記録）があるか ・顧客情報を外部（ベンダー含む）への持ち出しの手続きが明確化され，それに伴う運営がなされているか ・顧客情報を外部からの持ち込み手続きが明確化され，それに伴う運営がなされているか ・定期モニタリング，自主点検がなされているか ・保管期限満了情報について廃棄がなされているか ・社内情報セキュリティ教育が社員ならびに派遣社員に対して実施されているか ・退職者退職時に機密情報保護確認を受けているか，パソコンなどの初期化が実施されているか
顧客情報，個人情報管理取扱い方法（域外移転有無）	・顧客情報，個人情報について管理方法，管理手続きを定めており，責任者ならびに個別案件の場合，担当者は誰か ・委託者との業務委託契約の場合，委託者のデータアクセスは限定されているか ・事故発生時の手続きが明確になっているか

社内情報システム利用管理（ＰＣ，メール，外部記憶媒体利用，web利用）	・PC管理手続きが作成されているか（外部記録媒体の使用規則，私物PCの使用禁止，webアクセス，SNS使用を含む） ・ユーザID（パスワード）管理（異動，退職者の管理含む） ・ソフトウェア接続，導入ポリシーがあるか ・ウイルス対策が実施され最新バージョンに更新されているか，脆弱性対策は行われているか ・ネットワークドライブ上の電子ファイルのアクセスログはあるか
再委託業者起用の有無	・ベンダーに情報管理外部委託しているか，情報の域外移転はないか ・ベンダーの選定プロセスは適切に実施されたか
ＡＳＰ・クラウドサービス利用有無	・使用するASP・クラウドサービス（SaaS・PaaS・IaaS）名称，運営会社名（正式名称，本社所在国），サーバの所在国，顧客情報，個人情報取扱いの有無（「個人情報の保護に関する法律についてのガイドライン（外国にある第三者への提供編）」遵守状況） ・ASP・クラウドサービスにおけるセキュリティレベルと設定値の比較 ・PCI DSS（クレジットカード情報セキュリティ国際統一基準）認証を得ているか
下請業者	・当該案件において下請業者がある場合，その名称，契約関係の概要
リーガル情報	・SSL表記など必要となるリーガル情報が，社内，社外に示されているか

4　情報共有の国際化

　ある国における個人情報を他国のグループ会社と共有し，個人情報を保管するサーバを外国に設置することにより，個人情報を域外に移転することが必要になってきた。このような場合に必要となる対策や契約書の確認が必要である。

　SCC（Standard Contractual Clause，標準契約条項）は，欧州委員会が定めたデータ移転契約のひな型契約書である。本来，EU域外に個人データを移転することは認められていないが，適切な保護措置であるSCCをベースにした契約をデータ移転元と移転先間において締結することによって，個人データの移

8 第1部 デジタル時代における法務実務

転が可能になる。リーガル部門においては，業務委託契約をEUと日本といっ
た国際間で締結して個人データの移転が行われる場合に標準契約をレビューす
る能力が問われている。さらにEUだけでなく米国や他の国においては同様の
契約書を作成するか，どのように修正するのか，現地法の要請からの判断も必
要となる。

5　コンプライアンス強化と域外適用

　リーガル部門では各国におけるそれぞれのコンプライアンス法制に関連して，
契約書の条項の追加や開示情報などが求められる。ここでは特にリーガル部門
に関わる法令を挙げる。個別の取引において要求され，契約書の文言から慌て
てステートメントを作成し，公表をどのように行うかマーケティング部門と折
衝が必要になるのでは遅いといえる。以下は一例であるが，それぞれの会社に
おけるビジネス範囲によって必要となる場合がある。

各国のコンプライアンス法制	内　　容
米国FCPA Foreign Corrupt Practices Act（海外腐敗行為防止法）	米国に制定された外国公務員に対する贈賄行為を犯罪としている法律であるが，米国外の贈賄行為についても域外適用として積極的に運用される。
英国Bribery Act（英国賄賂防止法）	違法行為が英国内に限定されず，民間企業と官公庁等の取引だけでなく民間企業同士の取引についても規制の対象である。
英国Modern Slavery Act 2015（現代奴隷法）	英国で事業を行う一定の規模以上の企業に適用される。毎年度，奴隷労働と人身取引に関するステートメントを作成，公表する。
オーストラリアModern Slavery Act 2018（豪州現代奴隷法）	サプライチェーンにおける人権侵害を防止すべくオーストラリア法人及びオーストラリアで事業を行う一定の規模以上の企業においては，開示義務が課されている。

（吉川達夫）

第2章

生成AIを利用した法務業務

ポイント

- 法務部門の業務効率化と生産性向上のためには，RPAや生成AI，LLM（大規模言語モデル）の活用が重要となる。これにより，限られたリソースで高品質な成果を迅速に提供できるようになる。特に定型化されたプロセスでは，これらのツールが効果的に活用され，企業運営におけるガバナンスの向上にも資する。
- 契約書の審査や管理においては，既にAIの活用が進んでいる。契約書のリスク検出やひな型との差分抽出を自動化することで，法務担当者がリスク判断に集中できるようになる。また，AIが各種契約書から必要情報のみを抽出し，自動的に台帳を作成して，期限管理を行うことも可能になった。
- 生成AIを法務業務で活用する際には，機密情報の取り扱いに注意が必要である。特に外部AIツールを利用する場合，プロンプトに含まれる機密情報がAIによって利用される可能性があるため，利用規約やサービス提供側の守秘義務を確認する必要がある。また，AIの回答の正誤の判断は，法務部門の責任のもとに行われなければならない。

≪関連法とキーワード≫

RPA（Robotics Process Automation）：ロボットによる業務を自動化する仕組み。

生成AI：質問・作業指示等に応えて文章・画像等を生成するAIの総称。

プロンプト：利用者がAIに入力する指示や質問。

ハルシネーション：AIが誤った情報を生成する現象。

10　第1部　デジタル時代における法務実務

1　法務部門の効率化とAI活用

　企業法務の業務効率化と生産性向上のため，RPAによる自動化や生成AI，LLM（Large Language Models）の活用が必須になりつつある。法務部門は，企業活動を支える基盤として，リスク管理，契約審査，社内外からの問い合わせ対応など，多岐にわたる業務を担当している。限られた人的リソースの中で，効率的かつタイムリーに高品質な成果を出すことが，時代に即した法務の価値を提供する鍵になる。

　一定規模以上の法務部門では，一部の業務は定型化されていくのが通常である。実際に法務部門の業務の種類別にかかる時間を測定してみると，社内申請手続きやドキュメント管理などの作業にかける時間的な割合は全体の約70％を占める時期もある。これらの作業は必ずしも法的な判断を必要とするものではなく，定型的な作業が多いものの，企業運営，特にガバナンスの観点からは不可欠なものも多く，正確さと迅速さが求められる。

　こうした作業の自動化の手法として，PAD（Power Automate Desktop）などのRPAとChatGPTなどのAIがある。RPAは，AIとは異なり，分析や判断が必要な業務には向かないが，ルールに基づいた反復作業を正確かつ高速に処理することができる。一方，膨大なデータを瞬時に解析し，法的判断を支援するツールとしては，AIが適している。

　今後の法務部員に必要な資質としては，どのような業務にどのツールを使用し，どういった成果を出すかといった判断とその実装力が求められるだろう。各種ツールの活用に含まれるリスクを把握しつつ，求められるスピードに最大限に応えるため，ダイナミックな効率化を進める必要がある。

2　生成AI活用の法務実務

　ここでは，AIを活用した法務実務の具体例について紹介する。

（1）　契約書審査業務におけるAIの活用

　契約書審査では，既にAIを活用したサービスが普及している。代表的な機能としては，検討すべきリスク事項，例えばNDAにおける秘密情報の範囲や業務委託契約の損害賠償の上限条項について，自社の立場に応じてアラートを表示してくれるものがある。また，自社のひな型を登録しておけば，検討する契約書案とひな型との差分を抽出して表示するなどの作業を代替してくれる。これらの活用により，法務担当者はリスクに対する判断に集中できるようになる点で，業務効率化が図られている。

＜活用事例＞

文面チェック	誤字脱字，表記のゆらぎをAIが自動で検出し修正する。
ひな型との差分の抽出	自社のひな型と実際の契約書を比較し，差分を自動的に洗い出し，検討箇所をリスト化する。
リスクの洗い出し	自社にとってリスクとなり得る条項や文言を検出し，リスト化する。
条項文案の提示	指定した条文に関して，過去の契約書や社内ナレッジを基に適切な条文案を提示する。

（2）　契約書管理業務におけるAIの導入

　契約書の保管や期限の管理も，AIの導入により大きく効率化される領域である。AIによって，さまざまな形式の契約書の画像データから必要な情報のみを抽出し，テキストデータとしてリスト化できるようになった。契約書の形式が異なっていても，日付，事業者名といった項目を指定すると，画像データの中からAIが瞬時に該当する情報を認識して抽出する。特に大量のデータを取り扱う際には非常に有用である。

＜活用事例＞

契約書管理台帳の作成	紙ベースの契約書のスキャン画像や電子サイン後のPDFデータから，契約主体や有効期間などの項目を抽出し，自動で台帳を作成する。
有効期間の管理	契約更新期限や有効期間のリマインダをチャットボットで通知する。

（3） 社内外からの問い合わせ自動対応

　法務部門に対する社内外からの問い合わせのうち，手続き的なものや定型的な質問に対しては，AIが自動的に対応することができる。例えば，契約の一般条項に関する質問や社内の申請手続きに関する質問は，AIに回答させるのが効率的である。質問する側も，社内ガイドラインやマニュアルを一読するよりも，AIに質問するほうが時間的な節約につながる。

　社内規程の解釈や自社商材に関する問い合わせなど，自社特有の質問に対しても，照合すべき情報や過去の対応事例等のデータがあれば，AIが回答する際のナレッジとして活用することができるため，AIの回答の精度を高めることができる。

3　AI活用と社内制度設計

　生成AIを企業法務に活用することで業務効率化が図られる一方で，ハルシネーションによる責任問題や機密情報の漏洩リスクといった課題も存在する。これらのリスクに対応するためには，社内におけるプロンプト作成のルール，機密情報の取り扱いに関する約款等の確認，AIの出力に対する責任の所在の明確化等の社内整備が必要となる。以下，社内制度の概要を紹介する。

（1） プロンプト作成のルール

　事業部門，または法務部門がプロンプトを作成して，AIに法的質問を行う際のルールを設定する。プロンプトとは，AIに対して指示を与えるためのテキストであり，この指示の出し方が適切でないとAIがハルシネーションを起こしやすくなる。どういった形式のプロンプトを作成すれば，より精度の高い法的回答が得られるのかを法務部門が社内において指南する必要がある。

＜ルールの具体的な項目例＞

具体的で明確なプロンプトの作成	プロンプトの内容が曖昧だと，AIが誤った回答を生成する可能性が高くなる。したがって，質問は具体的で明確にすることが重要である。

背景情報の提供	質問の文脈を理解させるために，必要な背景情報を提供することが推奨される。これにより，AIはより正確な回答を生成することができる。
入力すべきでない情報の明示	クラウド型AIサービスを利用する場合で，入力データの利用に関して社内基準を満たさない場合は，以下の情報を含むプロンプトは禁止する。 ①個人情報（ユーザー登録情報），②開発関連情報（ログイン情報，アクセスキー等の認証情報），③インサイダー情報（他社との業務提携，業務上の損害，業績予想・配当の修正等）
回答の検証	AIの回答はあくまで参考情報として扱い，鵜呑みにすることなく，最終的な判断は必ず法務担当者が行う。

（2） 機密情報の取り扱い

　AI活用において，特に課題となりつつあるのが機密情報の取り扱いである。例えば，ChatGPTのような外部の生成AIを利用する場合には，プロンプトに含まれた機密情報が，AIサービスを提供する企業によって利用される可能性がある。また，入力した情報が，生成AIの機械学習に利用されることがあり，この場合は，自社の情報と他の情報とが結びついたうえで，別のユーザーに対してAIが出力してしまうおそれが指摘されている。

　そこで，クラウド型AI関連サービスを利用する際には，①AIサービス提供側のプロンプトの利用の有無，②入力した情報が機械学習に利用される可能性について，利用規約等を確認する必要がある。AIサービス提供側に守秘義務がない，あるいは，プロンプトや入力した情報が機械学習の対象とされる場合は，機密情報の漏洩のほか，不正競争防止法上の情報の秘密管理性（不正競争防止法第2条第6項）が失われたと評価される可能性がある。さらに，第三者に対して守秘義務を負っている情報を入力する場合には，当該第三者から守秘義務違反や目的外利用であると主張されるおそれがあるため，あらかじめ手当てが必要である。

　また，機密情報の中に，個人情報が含まれる場合には，個人情報保護法の遵守の観点でも注意を要する。個人情報保護委員会は，2023年6月2日付で「生成AIサービスの利用に関する注意喚起等」を行っており，個人情報取扱事業

者においては，①個人情報を含むプロンプトを入力する場合には，当該個人情報の利用目的を達成するために必要な範囲内であること，また②生成AIサービスを提供する事業者が当該個人データを機械学習に利用しないことを十分に確認することが求められている。

なお，生成AIサービスの利用における個人情報の「提供」の該当性に関しては，個人情報保護委員会が公表するいわゆる「クラウド例外」（ガイドライン（通則編）：Q&A 7 -53）の考え方が参考になり得る。

（3） 法務の最終判断

法務業務に関連して，AIによって生成された回答や提案に対しては，法務部門が確認・検証をし，内容の適否について最終的な責任をもつ必要がある。当然のことながら，AIによる回答の真偽や適切性を質問者や質問部門に判断させるべきではなく，法務部門が関与して最終判断を行う必要がある。こうした仕組みの事例としては，AIの回答案がチャットサービス上で法務部門に通知されるようにし，法務担当者のいずれかの確認がなされた場合にのみ，回答として取り扱うことができるようワークフローを組むことなどが考えられる。

（4） 社内ガイドラインの作成

上記を踏まえて，社内向けにガイドラインとして，生成AIの使い方や注意点などをまとめた規則やルールを定めることは非常に有用である。その際には，機密情報の定義・分類，機密情報の入力基準，AI関連サービスの導入判断基準，利用する生成AIサービスの選定責任者等を記載することが考えられる。

4　AI活用による影響

法務部門におけるAI活用は，法務担当者の作業時間の削減において顕著な効果を発揮する。業務時間におけるインパクトは目覚ましく，部門の業務時間割合では，作業にあたる時間を20％以上削減している。

こうした効果により，法務部門における事務専任スタッフや外部委託業務の削減が期待される。また，グループ会社経営においては，子会社における管理

部門専属スタッフの人員最適化も考えられる。

5 法務におけるAI活用の考え方

　近年，生成AIの進化により，企業法務の業務も大きな変革を迎えつつある。AIは，契約書のレビューやリスク分析，法律相談など，膨大な情報処理を迅速に行うことができ，法務部門の生産性向上に寄与する。しかし，AIを効果的に活用するためには，AIの役割と人間の役割を明確に区別し，適切に使い分けることが重要である。

　AIが提供する情報や提案は，あくまで1つの判断材料に過ぎない。最終的に「自社に最も適した」法的判断を下すのは人間であり，そのためには法務担当者の経験や洞察力が不可欠となる。法務担当者には，これまで以上に，一定の仮定（AIの出力内容）を検証し，それを批判的に評価し，適切な判断を下す力が求められる。

　また，プロンプトの作成においても，人間の知識と経験がAIのパフォーマンスに大きく影響する。AIに対する適切な指示を与え，自社のニーズに合った情報を引き出すためには，法務担当者が自社の業務内容や法的リスクを深く理解していることが前提となる。

　法務部門は，リーガルマインドをもった「AI使い」となって業務の効率化を図り，それによって生まれた新たな時間を活用し，法務部門の拡張につながる業務や自社がこれまで経験したことのない新規の分野におけるリスク把握，分析を行うなど，より戦略的でクリエイティブな業務を行うことが期待されている。

（野上真穂）

第3章

契約交渉時におけるセキュリティ要件と法務部の役割

ポイント

・サイバー空間におけるセキュリティ対策は重要性を増している。

・法務部は，セキュリティチームなどとともに自社に適用される関連法規，各省ガイドライン，業界基準を整理する。

・関連法規等が整理されたら，リスクベースアプローチをとり対応する優先順位を決める。また，解釈の余地がある部分については，法的解釈を提供する。最終的には，業界のサイバーセキュリティに対する成熟性等，各部が情報を持ち寄り会社の見解を決める。

・セキュリティ要件は，製品のデザイン時，使用時，終了時などすべての段階において考慮される必要がある。

・契約書におけるセキュリティ要件は，責任分界点等交渉不可能な部分を明確にしておく。交渉可能な部分でも価格に反映するか否か影響を個別に確認する。

・契約の相手方から「セキュリティチェックシート」（セキュリティ要件の確認シート）の記載を求められたときは，一義的にはセキュリティチームなど適切な専門性を持った者が記載することとし，法務部は法的解釈を求められたときに助言する。

≪関連法とキーワード≫

サイバーセキュリティ基本法：サイバーセキュリティに関する施策を総合的かつ効果的に推進し，もって経済社会の活力の向上及び持続的発展並びに国民が安全で安心して暮らせる社会の実現を図るとともに，国際社会の平和及び安全の確保並びに我が国の安全保障に寄与することを目的とする法律である。

個人情報保護法：セキュリティに関する法律は，日本では，「個人情報保護法」が個人情報保護の中核をなす。個人情報保護法とは，行政機関等の事務及び

事業の適正かつ円滑な運営を図り，並びに個人情報の適正かつ効果的な活用が新たな産業の創出並びに活力ある経済社会及び豊かな国民生活の実現に資するものであることその他の個人情報の有用性に配慮しつつ，個人の権利利益を保護することを目的とする法律である。

その他各分野における法律及び関連法規：さらに「医療分野の研究開発に資するための匿名加工医療情報に関する法律の一部を改正する法律」，いわゆる「次世代医療基盤法」等業界の特別法がある。また，例えば医療業界では，2023年4月から「医薬品，医療機器等の品質，有効性及び安全性の確保等に関する法律」，いわゆる「薬機法」における医療機器の基本要件基準にサイバーセキュリティに関する項目が追加されるなどサイバーセキュリティ要件が追加されている。したがって，各業界のセキュリティの動向を業界活動，関連各省庁の動向などで把握するのが重要である。

各省庁ガイドライン：さらに，「セキュリティ基本法」等に基づき，各省庁が，それぞれ，セキュリティに関するガイドラインを出している。また，業界によっては複数の省庁のガイドラインを参照することもあり，各企業や団体は置かれた立場によって，参照すべきガイドラインがある。例えば医療業界などは，病院などは厚生労働省によって制定された「医療情報システムの安全管理に関するガイドライン」を参照し，医療機器製造販売業者は「医療情報を取り扱う情報システム・サービスの提供事業者における安全管理ガイドライン」を参照することとされている。ガイドラインは，行政指導の一環であるが，事実上，業界の基準となることが多い。部分的にはリスクベースで業界や各社が解釈をする余地がある。

　その他，警察庁およびデジタル庁等，各省庁がガイドラインを公表している。民間取引において主要なものは下記のとおりである。

経済産業省〈サイバーセキュリティ政策〉：「サイバーセキュリティ経営ガイドライン」等，業種を問わず産業全般を底上げするガイドラインや政策を公表している。https://www.meti.go.jp/policy/netsecurity/index.html

金融庁：「金融分野におけるサイバーセキュリティに関するガイドライン」（案）作成中。https://www.fsa.go.jp/policy/cybersecurity/index.html

厚生労働省：「医療情報システムの安全管理に関するガイドライン　第6.0版

（令和5年5月）」。https://www.mhlw.go.jp/stf/shingi/0000516275_00006.html

内閣サイバーセキュリティセンター（https://www.nisc.go.jp/）：サイバーセキュリティ基本法に基づき設立され，各官公庁のセキュリティ対策を横断的に把握する。関連法令や政策もまとめている。

https://security-portal.nisc.go.jp/guidance/pdf/law_handbook/law_handbook_2.pdf

業界団体基準：金融業界におけるサイバー攻撃は，令和5年におけるインターネットバンキングに係る不正送金事犯の発生件数は5,578件，被害総額は約87億3,130万円であり，それぞれ過去最多となっている（https://www.npa.go.jp/publications/statistics/cybersecurity/data/R5/R05_cyber_jousei.pdf）。このような背景から，サイバーセキュリティ対策も進んでおり，「金融情報セキュリティセンター」（「FISC」https://www.fisc.or.jp/）を中心に業界団体基準が作られている。

情報セキュリティマネジメントシステム（ISMS）とISO27001：ISMSとは，個別の問題ごとの技術対策の他に，組織のマネジメントとして，自らのリスクアセスメントにより必要なセキュリティレベルを決め，プランを持ち，資源を配分して，システムを運用することである（ISMS: https://isms.jp/isms/）。ISO27001はISMSの国際規格であり，JIS Q 27001はこれを日本工業規格化したものである。

「セキュリティチェックシート」は，これらISMSをもとに，各省庁または業界団体が作成したものである。ISO・JISQ 27001を取得している場合には当該記載が免除される場合がある。

1　契約時におけるセキュリティ要件

（1）　電子契約におけるセキュリティ

企業活動において，企業・団体等におけるランサムウェア被害として，令和5年に都道府県警察から警察庁に報告のあった件数は197件であり，令和4年上半期以降，高い水準で推移している。ランサムウェアによる被害（*13,197

件）の内訳を企業・団体等の規模別に見ると，大企業は71件，中小企業は102件であり，その規模を問わず，被害が発生した。また，業種別に見ると，製造業は67件，卸売・小売業は33件，サービス業は27件であり，その業種を問わず被害が発生した。このうち，VPNからの侵入が63％を占め，復旧に1,000万円以上を要したものが37％を占める（https://www.npa.go.jp/publications/statistics/cybersecurity/data/R5/R05_cyber_jousei.pdf）。業種を問わず，電子契約におけるセキュリティ要件にも反映されるべきものである。

（2） 契約とセキュリティ要件

① 契約書関係

　法務部は，まず，製品のデザイン段階におけるセキュリティ要件がしっかりと製品取引契約書のひな型に反映されているかを確認するのが重要である。主な観点は，最新のセキュリティに関する業界基準を製品作成部署と共有し，適合するセキュリティ要件を入れてもらうことである。第一には法令および業界基準のセキュリティ要件が盛り込まれているかの確認である。第二に，責任分界点が明確に定められているかである。情報セキュリティの特徴としては自社製品の売り切りのみではなく，多くの場合第三者のネットワーク等に接続をすることになる。その場合，ネットワークインフラ業者，アプリケーション業者，ファイアウォール製造者等，さまざまな利害関係者が現れる。原則としては，自社でコントロールができる製品自体のアップデートなどには責任を持つが，アップデートに伴うトラブルであっても，接続先のメモリー容量等自社がコントロールできないことについては明確に責任を取らないことが必要である。また，当該契約書ひな型は，製品の価格に密接に関係しているため，原則として責任分界点等は変更してはならない。例外的に，関連第三者と業務委託契約が締結できるなど再委託関係などに落とせる場合のみ変更可能としておくべきである。これに加え，NDA（守秘）条項により，保護対象を定め，取得，管理，破棄までの過程で適切な保護を約することは情報セキュリティの契約上の要諦である。

　次に，具体的な取引交渉時には，例外的な条項変更をどこまで認めるべきかという点がある。これには価格が密接にかかわる。例えば，200万円の製品に

対して１年500万円のアップデート費用がかかる製品があったとし，保守契約を当社の責任で履行するという条項への交渉が入った場合は，年間200万円に加えて当社の業務委託契約管理費を上乗せした価格があってしかるべきである。

　また，期中に大きな意味を持つのは監査条項である。情報の取扱いに合理的な疑念が生じた場合，または定期的に，現場監査もしくはオンラインでの監査ができるような条項が必要である。ここにさらに監査者に当局の担当者を入れなければならない業界基準もある（金融等）。

　ネットワークに接続した製品では，インシデントが起こる場合がある。常に適切なバージョンをアップデートするなど，そしてその責任は誰が負うのかを明確にしておくべきである。

　最後に，製品使用が終了した場合，相手方に渡った情報の破棄などをする条項は不可欠である。これらの点も契約書に記載し，できれば破棄されたかどうかの証明書などを発行していただく場合もある。

② 　プライバシーポリシー

　個々の契約書のみでなく，プライバシーポリシーも情報セキュリティにおいて重要な役割を果たす。特に，個人情報の共有および二次利用については新製品が出るごとに，情報フローを入手し，確認および修正をすべきである。例えば，個人情報を取得した際は研究目的として同意を取ったが，新製品では当該製品自体の改善に用いられることになったことなどはよくあることである。また，第三者との情報共有では，グループ間においては共同利用の定めが可能であるが，それ以外の場合は明確に共同利用が肯定されるかどうかなど定かではなく，委託関係となるかといった検討が必要である。

2　セキュリティに関する法務部の位置づけ

(1)　セキュリティ要件を反映する段階：デザイン時，使用時，終了時

　サイバーセキュリティは，製品知識，ネットワーク知識，情報関連法，コンプライアンス等，幅広くの要素を一体となって運用することで得られるものである。具体的には，ISMSに定義されている。また，会社において，サイバーセキュリティは大きく分けて，製品セキュリティと会社のシステムに対するも

のがある。契約交渉時に多く問題となる製品セキュリティは，製品のデザイン段階におけるセキュリティ，使用時のネットワークを含めたセキュリティ（アップデート，モニタリングおよびインシデント対応も含む），使用終了時のセキュリティがある。法務部は，各段階において関係法規などの解釈を提供すべきである。

（2） 組織とセキュリティ

　このように，法務知識は一部に貢献できるが，セキュリティの問題は法務部の専門性のみでは解決しない。法務部は業界基準の解釈などができることなどが求められる。反対に，情報マネジメント等専門外のことを法務がやることは危険である。会社の規模によるが，できれば会社にセキュリティの重要性を説明し，セキュリティの専門人員を確保し，協働するのが望ましい。人員に余裕がない場合は，相当のスキルを内外から得る仕組みを整える，または既存の人員でしっかり情報セキュリティの知識を学んでから業務に従事すべきである。

　情報セキュリティにおいて協働する機能は，ネットワーク構成等テクニカルな部分，個人情報保護法などの法律解釈，そしてそれらを会社全体で遵守する体制構築をするコンプライアンス，24時間のモニタリングとインシデント対応，製品のデザイン段階でセキュリティを埋め込むアーキテクト等が必要となる。また，情報セキュリティシステムを実際に作るチーム（一線），情報セキュリティシステムをチェックし，また専門知識をもって助言をするチーム（二線），および当該一線および二線が機能しているか監査するチーム（三線）で構成されることが望ましい。

　実務において，上記のようなセキュリティチームを最初から持つことは難しいかもしれない。その場合は，とにかく，セキュリティ専任チームを最低2名で組成し，優先順位が高いものからやっていくことをお勧めする。そして時間がたって，情報セキュリティの知識が積み重なり，課題が解決されていったら拡充を考えていくのである。その過程では不足した知識や機能は社内から少しずつ集める，社外から補充することになるだろう。

　人の育て方もポイントになる。セキュリティは残念ながらいつかはインシデントが起こると思っていたほうがいい。したがって，インシデントが起こった

ことに対して評価を厳しくするのではなく，リスクベースでの対応ができていたかで評価をするべきであり，極端な話，会社に数億円の損害をもたらしたセキュリティインシデントが起こったとしても，当時適切な対応ができていたら良い評価を与えるべきである。

　最後に，セキュリティ対策は際限がない。経営陣が経営課題と認識し，人と予算を確保するような啓蒙活動が必須である。また，中長期計画を立てるといった活動の旗振りをする情報セキュリティの長であるChief Information Security Officer（CISO）の存在も継続的なセキュリティ体制を確立するうえで大切である。CISOは，インシデント時にビジネスを一度切断するなどの判断もする。

（3）　会社でのセキュリティ対策の推進方法

　多くの法務部は個人情報責任者を担っている。その意味において，情報セキュリティ体制なしには職責を果たすことは難しく，会社におけるセキュリティ対策の推進が自身の職責につながっていることが多い。では，会社でどのように効率的にセキュリティ対策をしていくべきか。まずは，経営陣にその必要性を説く。会社の中での必要性も説いていく。そこから，数人でいいのでセキュリティ専任人材を採用および育成する予算や業界基準に追いつく予算を確保する。その後は一例であるが，1年目は，会社全体を啓蒙し，かつ，業界基準に追いつく。具体的には，経営陣および会社全員に情報セキュリティは会社全員の使命であることを伝える研修などを行う。同時に，業界のチェックリストを埋めることができるようになる。多少，疑問が残ってもその時の立場が明確になれば構わない。2年目は，チェックリストの中の疑問を解いていく。会社の中で議論されるにつれて，顧客の要望などが見えてくるので会社の立場が固まってくるはずである。3年目は情報セキュリティマネジメントシステムの導入（ISO等）を検討する。それからは，情報セキュリティマネジメントシステムを業界および法令に基づき改善していく。法務部は特に最初に適用される関連法規や業界基準を明確にし，解釈を提供することが求められる。

（内田慶子）

25

第4章

電子署名法，e-文書法，電子帳簿保存法

ポイント

・社内文書をデジタル化する場合，e-文書法を遵守して行わなければならない。
・改正電子帳簿保存法（施行2022年1月1日，完全義務化2024年1月1日）により，電子取引データの紙保存が実質禁止された。

≪関連法とキーワード≫

電子署名法（電子署名及び認証業務に関する法律）：本人による一定要件を満たす電子署名が行われた電子文書等は，真正に成立したもの（本人の意思に基づき作成された）と推定される。誰が何を作成したかを証明。認証業務のうち一定の基準を満たすものは内閣総理大臣及び法務大臣の認定を受けることができる。

認証業務：電子署名法第2条2項において，「この法律において「認証業務」とは，自らが行う電子署名についてその業務を利用する者（以下「利用者」という。）その他の者の求めに応じ，当該利用者が電子署名を行ったものであることを確認するために用いられる事項が当該利用者に係るものであることを証明する業務をいう。」と定める。

特定認証業務：電子署名法第2条3項において，「この法律において「特定認証業務」とは，電子署名のうち，その方式に応じて本人だけが行うことができるものとして主務省令で定める基準に適合するものについて行われる認証業務をいう。」と定める。基準は，現段階では電子署名法施行規則第2条において，

「法第二条第三項の主務省令で定める基準は，電子署名の安全性が次のいずれかの有する困難性に基づくものであることとする。

一　ほぼ同じ大きさの二つの素数の積である二千四十八ビット以上の整数の

素因数分解

二　大きさ二千四十八ビット以上の有限体の乗法群における離散対数の計算

三　楕円曲線上の点がなす大きさ二百二十四ビット以上の群における離散対数の計算

四　前三号に掲げるものに相当する困難性を有するものとして主務大臣が認めるもの」

と定める。

e-文書法：民間事業者等が行う「書面の保存等における情報通信の技術の利用に関する法律」と民間事業者等が行う「書面の保存等における情報通信の技術の利用に関する法律の施行に伴う関係法律の整備等に関する法律」の2つを指す。民間に義務づけられている書面の保存について，紙に代えて，原則すべて電磁的記録による保存（紙の文書をスキャナで読み取り，イメージ化して保存することも含む）を容認する法律。

電子帳簿保存法：紙で保存しなければならなかったものを一定の要件を満たした電子データで保存できるようにする法制度。国税帳簿処理を対象としており，電子帳簿等保存，スキャナ保存，電子取引の3つの区分がある。2024年1月1日から，電子データで受け取った書類は印刷して保管できない。

タイムスタンプ：電子化された文書が原本であることを証明する技術。いつ，何を作成したかを証明する。発行するのは，第三者機関である時刻認証業務認定事業者。利用者は，電子書類を作成して保存する際，電子書類のハッシュ値を時刻認証業務認定事業者に送付し，タイムスタンプの発行を要求する。利用者のタイムスタンプリクエスト中のハッシュ値に，タイムスタンプ局が時刻を付与したものであるタイムスタンプトークンは証明書の役割があり，利用者と時刻認証業務認定事業者の双方が保管する。タイムスタンプトークンには鍵がかけられているためそのままでは開かず，電子データが原本であり，改ざんされていないことを証明したい場合，時刻認証業務認定事業者から鍵を受け取って開くことができる。タイムスタンプトークンに記録されているハッシュ値と電子データのハッシュ値が同じであれば，その電子データはタイムスタンプトークン記録の時刻に存在していた，つまりそこから改ざんされていないことを証明できる。

1　電子署名サービスと電子署名法

　電子署名には，ローカル型電子署名として電子署名の秘密鍵等をICカードやユーザーのパソコン等で管理し，ユーザーの手元で電子署名を付与する形式とクラウド（リモート）型電子署名としてクラウドサービス上で電子署名の管理および電子署名を付与する形式がある。電子署名法においては，認証業務と特定認証業務が定められている。

　電子署名業者を選択するにあたり，法務省の認定を受けた認証業務事業者でなくともいいのかの検討が必要である。なお，特定認証業務は，電子署名法第4条1項において，「特定認証業務を行おうとする者は，主務大臣の認定を受けることができる。」とされており，任意制度であることがわかる。特定認証業務を提供するのに，あえて主務大臣の認定を受けない事業者は少なくない。認証業務によって認証された電子署名であれば電子署名法第3条の推定効が発生する。「電磁的記録であって情報を表すために作成されたもの（公務員が職務上作成したものを除く。）は，当該電磁的記録に記録された情報について本人による電子署名（これを行うために必要な符号及び物件を適正に管理することにより，本人だけが行うことができることとなるものに限る。）が行われているときは，真正に成立したものと推定する。」

　なお，自分の会社がある電子署名業者を選択したとしても，契約相手方が異なる電子署名サービスによって署名を依頼してきた場合，このまま電子署名を進めて良いのか個別の検討が必要となる。この際に有用なのが法務省による「電子署名法に基づく特定認証業務の認定について」における「産業競争力強化法第7条第2項の規定に基づく回答について」である[1]。

> 利用者の指示に基づきサービス提供事業者自身の署名鍵により暗号化等を行う電子契約サービスに関するQ&A（電子署名法第2条関係および第3条関係）から

---

1)　https://www.moj.go.jp/MINJI/denshishomeihou.html（令和2年7月17日（2条関係），令和2年9月4日（3条関係，令和6年1月9日改定））

抜粋

　法第2条第1項に該当する電子署名は，「技術的・機能的に見て，サービス提供事業者の意思が介在する余地がなく，利用者の意思のみに基づいて機械的に暗号化されたものであることが担保されているもの」。

　法第3条の電子署名に該当するには，「サービス提供事業者が電子文書に行った措置について付随情報を含めて全体を1つの措置と捉え直すことによって，当該措置が利用者の意思に基づいていることが明らかになる場合」。

　十分な水準の固有性とは，「① 利用者とサービス提供事業者の間で行われるプロセス及び② ①における利用者の行為を受けてサービス提供事業者内部で行われるプロセスのいずれにおいても十分な水準の固有性が満たされている」必要がある。

　「あるサービスが電子署名法第3条に規定する電子署名に該当するか否かについては，個別の事案における具体的な事情を踏まえた裁判所の判断にゆだねられるべき事項ではあるものの，一般論として，上記サービスは①及び②のプロセスのいずれについても十分な水準の固有性が満たされていると認められる場合」であるとしている。

2　e-文書法の要件

　e-文書法の適用対象は，約250本の法律で保存や交付などが義務づけられている文書である。法務部が関与する書面としては，定款や取締役会議事録であり，免許証などの例外書類でない限り，以下の「見読性」の要件を満たしたうえ，対象文書の種類によって必要となる3つの要件を満たせば書面で保管せず，デジタルで保管することが可能となる。

［見読性（可視性）］：電子化されたデータがPCなどで表示し，あるいは印刷によって明瞭な状態で読み取れるようになっていること。

［完全性］：保存期間中，電子化されたデータの減失や毀損防止措置が取られること。タイムスタンプを利用した場合，正しい日付で保存されたことが証明されること。

［検索性］：データを引き出して文書を利用できるように検索することが確保されていること。

［機密性］：許可されないアクセスができないこと。不正アクセスの抑制があること。

3　電子帳簿保存法の規制緩和

　電子帳簿保存法とは，国税関係帳簿書類の全部または一部を電子データ化して保存することを定めた法律である。電子帳簿等保存およびスキャナ保存は希望する者のみである。電子取引データ保存について，法人や個人事業者は事前に申請が必要となっていたが，令和4年1月1日施行の改正法により事前承認制度は廃止された。しかし，一定の国税関係帳簿について優良な電子帳簿の要件を満たして電磁的記録による備付けおよび保存を行い，この適用を受ける旨等を記載した届出書をあらかじめ所轄税務署長に提出している保存義務者について，その国税関係帳簿（優良な電子帳簿）に記録された事項に関し申告漏れがあった場合には，その申告漏れに課される過少申告加算税が5％軽減される措置が整備された。優良な電子帳簿の要件とは，取引年月日，取引金額，取引先に限定された検索項目によって検索できることといったことである。タイムスタンプ要件も緩和されているが，電磁的記録について訂正または削除を行った場合，これらの事実および内容を確認することができるクラウド等において，入力期間内にその電磁的記録の保存を行ったことを確認することができるときは，タイムスタンプの付与に代えることができることとされた。

　電子帳簿保存法における保存要件は，以下の2つである。

［真実性］：保存されたデータが削除，改ざんされない高い証明力

［可視性］：保存されたデータを税務調査などにおいて適切に検索と表示ができる検索性と見読性

　国税庁における電子帳簿保存法上の対象となる書類の区分は「帳簿（国税関係帳簿）」「書類（国税関係書類）」「電子取引」という3つに分かれる。電子取引では，見積書，注文書，請求書，契約書，納品書，領収書のデータを電子保存することが必須である。

電子帳簿保存法上の区分（イメージ）

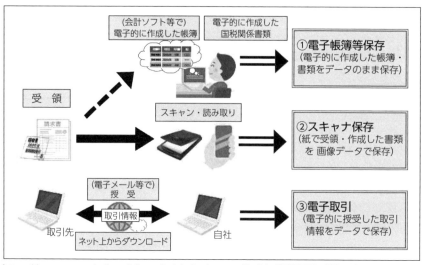

https://www.nta.go.jp/law/joho-zeikaishaku/sonota/jirei/pdf/0021005-038.pdf

4　実務ポイント

（1）　文書電子保存とデータ保存期間

　e-文書法によって電磁的方法によって文書保存を行うことができるが，法令による保存期間は電子保存された場合でも変動するわけではない。ただし，文書によって保存期間が異なるので，期間に合わせたデータ廃棄プロセスを取り決める必要がある。また，電子帳簿保存法の保存要件を満たしたうえで電子保存されていれば，データ化した後の原本をすぐに破棄することも認められている。

（2）　電子保存とリーガルホールド

　リーガルホールドは，訴訟が提起されたり，提起のおそれがある場合，担当部門（多くはリーガル部門）がリーガルホールドになると宣言することにより，メールなど電子書類を含む社内書類やデータを削除してはならないことを通知して書類等の保全を行うことである。これに反して書類を廃棄した場合，証拠

第4章　電子署名法，e-文書法，電子帳簿保存法　31

隠滅などで米国では多額の罰金を科せられることがある。会社においてメールソフトやファイル共有ソフトを導入する際，訴訟ホールドに対応する管理者向けの機能を搭載しているものを導入することを検討すべきである。

（3）　労働条件通知書やクラウドサービスによる雇用契約書は電子取引データか

労働条件通知書やクラウドサービスによる雇用契約書は，通常契約期間，賃金，支払い方法等が記載されており，法第2条5号に規定する取引情報（取引に関して受領し，または交付する注文書，契約書，送り状，領収書，見積書その他これらに準ずる書類に通常記載される事項）に該当する[2]。

（4）　紙による契約書を電子保存した場合，電子契約と言えるためにはどうすれば良いか

紙媒体で作成された契約書をスキャンによって保存するためには，①見読性確保（電子保存されたデータが容易にアクセスできる），②タイムスタンプ，③検索性確保（組み合わせ検索や範囲指定検索など要件がある），④スキャナのスペックが一定以上，⑤マニュアルの整備，などが必要とされる。

(吉川達夫)

---

2)　https://www.nta.go.jp/law/joho-zeikaishaku/sonota/jirei/pdf/0023011-017.pdf参照

第5章

国内契約と国際契約における
デジタルサインの実際

ポイント

・デジタルサインを活用した電子契約の導入は，業務効率化，コスト低減，コンプライアンス向上につながる。

・デジタルサインを活用した電子契約の真正性は，本人性と非改ざん性の視点から確認する。

・国内契約，国際契約共に，契約の重要性，万が一の契約紛争時の損害リスク，法令上の電子契約適用可否を勘案して，デジタルサインツールの採用可否，ツールの選択を行う。

≪関連法とキーワード≫

電子署名（デジタルサイン）の種類：電子署名は「当事者型（ローカル型）電子署名」と「立会人型（事業者型，クラウド型）電子署名」の２種類に大別される。

当事者型は，当事者同士がそれぞれ電子認証局で本人確認をしたうえで，デジタル証明書を受け，電子署名を授受する方式である。デジタル証明書とは，紙の文書における印鑑証明書に該当するものであり，真正性の担保の視点からは正攻法の電子署名方法ではあるが，電子認証局を経なければならないこと，デジタル証明書を発行してもらうプロセスが煩雑であることから，実務上の利便性には欠ける。

一方，立会人型の電子署名は，電子署名サービス事業者が立会人として，当事者の本人確認，同意の有無の確認，署名をすることで，当該文書が真正であることを認定する。効率的な電子契約の締結が可能となるが，電子署名サービス事業者（デジタルサインベンダー）によって契約の真正性担保の仕組みが異なるため，契約の内容・軽重等に応じた事業者選定が必要となる。

34　第1部　デジタル時代における法務実務

電子印鑑：PDFファイルなどの電子文書にPCやモバイル端末から捺印するための印鑑データのことを指す。ツールベンダーによっては「電子サイン」と呼ぶ場合もある。一般的に電子印鑑には3種類あり，1）単純に印影を画像データに変換，2）当事者の識別情報も含めてデータ化，3）識別情報のほかに改ざんを防止する機能を持つものがある。見積書や請求書などへの押印業務を省略するために，印影の画像データを貼り付けて利用したり，ワークフロー業務で利用されている。一方で，印鑑の画像データのみの場合，第三者が簡単に複製し，改ざん捺印書面を作成できるというリスクがある。したがって，契約書等の社外書面に使用する場合は，改ざん防止機能を持つ電子印鑑を利用することが望ましく，併せて電子署名機能の併用（視覚上の印影のみならず，電子的に本人性と非改ざん性が担保されていること）がなされているサービスを利用することが望ましい。

電子契約：本来，紙媒体の契約書に捺印することで契約締結するところを電子的に行うことをいう。電子ファイルと電子署名または電子印鑑によってインターネット上で契約を締結し，電子データとして企業サーバやクラウドに保管する。

1　デジタルサインがもたらすメリットと課題

デジタルサインを活用した電子契約の導入によって，以下のメリットが享受される。

（1）　契約当事者間での業務効率化

紙媒体による契約締結の場合，原本作成のための印刷・袋綴じ化（袋綴じにおいても非改ざん性を徹底しようとすると容易な作業ではない），捺印権限者からの人的捺印承認・捺印時間の確保，捺印後の相手方への郵送，相手方から相手方捺印済み原本の返送，といった時間的労力（最低でも数日間は要する）・人的労力が発生するが，デジタルサインの導入によって，これらがすべて電子処理でき，業務の効率化が期待できる。

また，他の業務ツール（Salesforce，kintone等のビジネスツールやLegalforce，

ContractS CLM等の契約レビュー・承認ツール）との連携が図られているデジタルサインツールも普及しており，契約担当部門から法務部門への契約作成・レビューから，デジタルサインまで，ほぼワンストップの電子的業務フローを構築することも可能となってきた。

（2） コスト低減
　紙媒体による契約締結の場合，印紙税の発生（契約書原本への収入印紙の貼付），郵送コスト，紙原本の保管コスト等が発生するが，デジタルサインの導入によって，これらのコストダウンが図れる。（1）で触れた業務効率化のメリットも考慮すれば，間接的な人的コストの大幅なダウンも期待できる。

（3） ビジネス機会の獲得
　これは副次的なメリットともいえるが，紙媒体による契約締結の場合，潜在的な負担感によって，時間的制約を受ける取引等の契約締結が阻害されることが想定される。
　デジタルサインの導入によって，契約内容に関する交渉時間は必要であるとしても，締結手続による負担感は軽減できるため，ビジネスチャンスを失わないというメリットが期待できる。

（4） 対人業務の削減（リモートワークの推進）
　コロナ禍の中，事務業務においても自宅勤務が主流を占めていた時期に，対人接触頻度を大幅に削減する契約締結プロセスとして，デジタルサインが普及したことはまぎれもない事実であろう。コロナ禍にかかわらず，天変地異の場合のBCP（事業継続計画）対策や働き方改革の一環としても有効である。

（5） コンプライアンス・ガバナンスの強化
　デジタルサインを行うサイナー，つまり契約の承認者と契約の実務担当者間での承認プロセスが電子的に適正に構築できれば，紙媒体による契約締結時の承認・捺印プロセスよりも，コンプライアンス・ガバナンスが徹底できる。サイナーに承諾なく実務担当者が勝手に捺印処理を行うような事案を防ぐことが

できる。もっとも，後述のとおり，デジタルサインの導入において，適切な承認権限プロセスや適切なデジタルサイナーの事前設定を行わないと，むしろリスクが増大しかねない要素もあることは留意すべきである。

また，電子契約を一元管理することによって，契約の抜け漏れを防止することができ，検索も容易であることから会計監査や税務調査への対応もスムーズに行うことができる。

一方，デジタルサインの導入においては，真正性がデジタル証明書によって担保されている当事者型の電子署名である場合はともかく，現在普及している立会人型電子署名の契約締結においては，真正性を担保するために以下の2点の法的課題がクリアされなければならない。

① 契約の本人性（当事者性）

契約が当事者間で合意成立していることを証明する必要性から，電子契約上，法人格たる契約当事者が真正であることについて担保されなければならないことはもちろん，各当事者における社内ガバナンスの視点から，一業務担当者のサインではなく，当該契約の責任と権限を負う，しかるべき権限者がデジタルサインのサイナーとなっていることが担保されなければならない。

② 契約内容の非改ざん性

契約締結時点での契約内容について完全性が担保されなければならない。

後日争点が生じないように双方合意した内容について，半永久的に改ざんが行われないような仕組みが必要である。加えて，税務申告上の電子書面確保という視点からは，電子帳簿保存法上，契約の電磁的記録を確実に保存するという要件も満たさなければならない。

現状，複数のデジタルサインツールが存在するが，立会人型のデジタルサインにおいても，コロナ禍のツール需要増加の過程を経て機能が充実し，上記の課題を種々の電子的方策にてクリアしてきている。

例えば，本人性の担保にあたっては，デジタルサインのサイナーが権限者であることについて，メールアドレスで判別し，かつ，そのメールアドレスの所有者と実際に同意する者（デジタルサインツール上で同意のクリック等，オペレーションを行う者）とが同一人であることを保証するために，スマートフォンアプリで発行されたワンタイムパスワードを用いた認証を行う（2要素認

証）等の方策がある。

その他，メール認証，アクセスコードを用いた2段階認証，特定のPCからのデジタルサインを判別するためのIPアドレス制限，電話認証，SMS認証，身分証明書を画像で添付する本人確認等が用いられる。

また，非改ざん性の担保にあたっては，電子帳簿保存法対応のタイムスタンプや合意締結証明書をツールベンダーによって付与させる等の方策が用いられる。

なお，電子帳簿保存法においては，電子書面について納税上の帳簿書面として認められるための要件として，①真実性の確保（タイムスタンプの付与等によって改変がなされていないことの確保），②電子契約・電子署名に関する手順書の備え付け，③見読性の確保（納税地で画面や印刷物で内容が確認できること），④検索性の確保（電子取引における取引年月日，契約開始日，契約終了日，取引金額，取引先の名称等の主要項目が検索条件として設定できること，金額・日付にて範囲検索ができること，複数項目での組み合わせ検索ができること等），が求められるが，ほとんどのデジタルサインツールで対応がなされている。

2　デジタルサインの法的根拠

電子署名は，国内においては，電子署名法において「手書き署名や押印に代わる真正な成立を証明する電子的手段である」と定義されており，当事者型電子署名は電子署名法に準拠した方式といえる。一方，民法で認められている契約自由の原則に基づけば，すべての契約書が必ずしも電子署名法に準拠している必要はなく（極論すれば口頭合意でも契約は成立する），たとえ立会人型電子署名であって電子署名に該当しないとみなされたとしても契約がただちに無効になったりするわけではない。とはいえ，電子契約に関する紛争判例が集積されていない現時点においては，重要な契約においては電子署名法に準拠した電子署名がなされることに越したことはない。また，仮に立会人型電子署名を選択するとしても，その契約の軽重や万が一の契約紛争時の損害リスクを勘案して，デジタルサインツールの採用可否，デジタルサインツールプロバイ

ダー・ツールの選択には，真正性（本人性と非改ざん性）の視点から留意する必要がある。

　一方，国際契約においては，用いるデジタルサインツールが対象国間での法令に照らし合わせて真正性が担保されるか否かを検討する必要がある。

　諸外国の電子契約法規定の詳細に関しては別書に委ねるが，例えば，EUではeIDAS規則（EU Regulation on Electronic Identification, Authentication and Trust Services）が，欧州連合（EU）の電子取引における信頼性を確保するための規制枠組みとして適用される。この規制は，電子署名や電子認証，電子シール，タイムスタンプ，認定配送サービスなど，デジタル取引の安全性を高めるための標準を提供する。電子署名に関してeIDASは以下の3つのレベルの電子署名を定義している。

① 標準電子署名（Electronic Signature）：基本的な電子署名。
② 高度電子署名（Advanced Electronic Signature）：特定の要件を満たす電子署名で，署名者の識別が可能。
③ 適格電子署名（Qualified Electronic Signature）：高度電子署名のうち，適格な電子署名生成デバイスにて生成され，適格な電子証明書に裏付けされたもので，法的な証拠力が最も高い。

　また，米国では，連邦法として2000年にESIGN法（Electronic Signatures in Global and National Commerce Act）が制定され，電子署名と電子記録を法的に有効とするための枠組みを提供している。この法律は，従来の紙ベースの署名に代わるものとして，電子的な署名や契約が広く認められるようにすることを目的としている。

　そのうえで，各州においてはUETA法（Uniform Electronic Transactions Act）というモデル法を採用，または独自の法律（ニューヨーク州およびイリノイ州）によって電子署名による電子契約の締結を有効としている。これらの法令は，いずれもESIGN法と矛盾のない規定となっている。

　このように，各国電子署名に関わる法規制は概念的には統一感がある一方，特定のデジタルサインが契約当事者間での各法規制に適合しているか否かを確認するのは容易ではない。特に重要な契約締結であって，かつ，立会人型デジタルサインツールを採用したい場合，デジタルサインツールプロバイダーの提

供するサービスが各国電子署名法令で定められる要件を満たしているか否か厳格に確認しなければならない。このような事案では，デジタルサインツールプロバイダーへの確認，また日本および契約相手方国の弁護士からの見解聴取により，電子契約締結の可否を判断すべきであろう。

3　デジタルサインの実際

　第4章に記載のとおり，デジタルサインツールの採用可否の検討にあたって有用な方法として，法務省による「電子署名法に基づく特定認証業務の認定について」における「産業競争力強化法第7条第2項の規定に基づく回答について」の回答確認がある。ここでは弁護士ドットコム株式会社，アドビ株式会社，GMOグローバルサイン・ホールディングス株式会社，ドキュサイン・ジャパン株式会社などそれぞれの会社の電子署名・タイムスタンプ提供事業者の電子署名についての電子署名か，電磁的記録の作成かなどを確認しており，それぞれにつき法務省が回答している。回答情報が不十分な場合は，各デジタルサインプロバイダーに直接，ここでの回答内容について質問，確認する方法もあり得る。相手方から自社が選定したデジタルサインプロバイダー以外の電子署名業者による電子署名が依頼された場合は，当該回答を踏まえて相手方指定のプロバイダーを承諾するか，当該回答に確信が持てなかった場合は，自社選定のデジタルサインプロバイダーにしてほしい旨，相手方に申し入れるのが望ましい。

4　国内契約におけるデジタルサインの実際

　国内契約においては，経産省グレーゾーン解消制度（事業者が安心して事業活動を行えるよう，規制の適用範囲が不明瞭な事案に関して，規制適用の有無を確認できる制度）において，主要デジタルサインツールが，電子署名として適法性を有する水準のサービスである旨回答されていることもあり，参照すべきである。

5 国際契約におけるデジタルサインの実際

　グローバルに展開されているデジタルサインツールであれば，国際契約の電子契約ツールとして適用の可能性が出てくる。例えば，ドキュサインの電子署名は，米国の電子署名法（ESIGN法）やEUのeIDAS規則におけるEUの高度電子署名（Advanced Electronic Signature）や適格電子署名（Qualified Electronic Signature），の機能を有しており，言語対応としても，44言語をサポートし，14言語で文書を送信することができる。

　また，Adobe Signでは，アメリカFDAのCFR21 PART11，EUのeIDAS規則における高度電子署名（Advanced Electronic Signature）や適格電子署名（Qualified Electronic Signature），の法規制要件を満たしており，言語対応としては英語，中国語，スペイン語等，主要30言語以上の対応がなされている。

　ただし，前述のとおり，重要な契約締結にあたっては，対象国間での法令に照らし合わせて真正性が担保されるか否か（契約係争に至った場合，証拠として採用され得るか），すなわち，デジタルサインベンダーの提供するサービスが各国電子署名法令で定められる要件を満たしているか否かを確認しておくことが無難である。後述のとおり，各国において紙媒体による契約でないと契約の有効性が認められないものも存在する。あらためてデジタルサインツールベンダー，日本および相手方国の弁護士からの見解聴取，各国行政官庁への確認等により，電子契約締結の可否を判断すべきであろうし，M&A契約や不動産契約のような後々紛争が起こり得るリスクが高い案件や訴訟額が莫大になるような案件においては，電子契約に依存せず，あえて紙媒体による契約締結を行うという判断も必要であろう。

6 実務ポイント

　以下，実務ポイントを記載する。
　国内外にて法的に電子契約化に条件が課されているもの，または電子契約化が認められていないものについても記載しているが，電子契約化の最終判断に

あたっては，最新の各国法規制をご確認いただきたい。

（1）　電子契約，デジタルサインの運用上の留意点

　これまで述べたとおり，デジタルサインツールによって，本人性，非改ざん性の防御レベルはさまざまであり，一方で，現状では法的に必要な基準についての裁判例の蓄積が十分でなく，本人性確認の水準や防御レベルが低い場合には，実際の裁判において真正な成立を推定するためには不十分であると判断される可能性がある。各サービスの利用に当たっては，当該各サービスを利用して締結する契約等の重要性の程度や金額といった性質に鑑みて，契約紛争において真正な成立の推定が得られない場合に利用者に生ずる損害等を考慮したうえで，デジタルサインツール採用の可否，または適切なデジタルサインツールの選択を慎重に行うことが必要と考えられる。

　また，電子契約の真正性をより確かにする実務的方策として，

①　契約書末尾にて「電子契約書面としての締結も有効とする」旨の規定を入れておく。

②　当該契約締結に至る交渉過程，合意形成過程を証明するメールの授受記録，会議体の議事録の保管を徹底する。

等が考えられる。

　加えて，社内ガバナンス上の視点から，法的有効性が疑われるような電子契約の濫用防止を図ることや，当該電子契約のデジタルサイナーが，社内でしかるべき責任と権限を負う者に限定される以下のような社内体制の構築が必要である。

①　契約管理規程における電子契約の位置づけの明確化

②　印章管理規程におけるデジタルサイン，電子印鑑の位置づけの明確化

③　職務権限規程に沿った当該契約の締結権限者と整合性が取られた，デジタルサインツール上での権限者の付与（非権限者のサインの防止）

④　③を客観的に確認，担保するための電子契約管理部門の設置（事業部門ではなく，法務部門や人事部門等の管理部門に設置するのが望ましい。）

（2） 法的に電子契約化に条件が課されているもの（国内契約）

以下の契約は，法的要件により電子契約化に相手方からの承諾が必要となる。

① 建設請負契約（建設業法第19条3項）

② 下請事業者に対する受発注書面（下請法第3条2項）

③ 派遣労働者への就業条件明示書面（派遣法第34条）

④ 労働条件通知書面（労働基準法第15条1項）　等

（3） 法的に電子契約化が認められず，書面での契約締結が必要なもの（国内契約）

以下の契約は，法的要件（公正証書による契約締結義務）により書面での契約締結が必須となる。

① 事業用定期借地契約（借地借家法第23条）

② 企業担保権設定・変更契約（企業担保法第3条）

③ 任意後見契約（任意後見契約に関する法律第3条）

（4） 法的に電子契約化が認められず，書面での契約締結が必要なもの（国際契約）

例えば，米国ESIGN法においては電子契約の適用例外があり，遺言や信託文書，医療上の同意に関わる文書，離婚や結婚に関する文書，重要な通知（例えば，家賃の延滞に関する通知）等は，電子契約での有効性が保証されない。

電子契約の適用可否については，各国法規制を十分確認しておく必要がある。

（5） PDF交換による契約締結（国際契約）

国際契約においては，PDF契約書面の交換によって契約成立とする実務がしばしば見られる。前述のとおり，Adobe Signに則った運用であれば，各国の法規制における電子署名契約とみなされる可能性は高い。

一方で，デジタルサインツールを適用させないで，単にPDF化した契約書面をメールにて授受し，それをもって契約締結とする事例も見受けられるが，署名ページへの肉筆署名についても手元でスキャニング，PDF化して相手方に送付し，双方これを行い契約成立とする実務については，十分注意を払うべ

きであろう。

　米国においては，この方式もESIGN法，UETA法上，有効とされているようであるが，署名ページがどの契約内容（対象とする契約ページ）に関連づけられているのか，電子的に結合している必要がある。したがって，実務的には署名ページのフッター等に"Signature page to 契約名"の記載をし，他の契約ページにはフッター等に契約名を明記（視覚的な関連付け）したうえで，PDF化する際には一連のファイルとして結合させ，相手方にメール送付するというのが適切である。

　どの国の相手方であろうとも，署名ページのみPDF化してメール交換し，契約締結とするのは極めて危険である。

　また，繰り返し述べるが，契約の重要性，契約係争時の損害リスクを勘案し，もし各国法規制的にPDF交換のみの契約締結によって契約の真正性が心配されるようであれば，いったんPDF交換で締結するにしても，後日すみやかに紙媒体による契約書面に差し替える等の実務も必要である。

（北島　岳）

第6章

デジタル時代における労働契約の締結・変更の方法

ポイント

・労働条件の明示方法として，労働者が希望した場合には電子メール等の送信に
よる方法が可能となった。
・電子メール等の送信による方法で労働条件を明示する場合は，誤送信がないよ
うにすることや到達確認に留意する。
・労働者側に不利な労働条件の設定や変更については，労働者に対する説明内容
も問題となる。電子メール等で対応する場合には電子署名以外にも説明文章や
チェック欄を設けるなどの工夫をしておく。

≪関連法とキーワード≫

労働基準法：賃金や労働時間等の労働条件に関する最低基準を定めている。労
働契約は労働基準法を下回る内容を定めることはできない。また，労働条件
の明示事項や就業規則の記載事項も規定している。同法違反があった場合に
は労働基準監督署による是正監督等が行われることがある。

労働契約法：就業規則の変更や解雇・懲戒処分の有効性等の労働契約の紛争に
関する基本的なルールを定めている。労働契約法における民事上のルールが
定められており，裁判になった場合の判断枠組みとなる。

労働条件通知書：雇用主が労働者の労働条件を記載し，当該労働者に交付する
書面。交付方法は，書面交付のほか，労働者が希望する場合にはFAXや電
子メール等の送信による方法も可能である。

労働条件変更の個別合意（同意）：労働条件変更を対象労働者との個別合意
（同意）で行う方法。対象労働者への配慮・優遇措置として行われる場合の
ほか，就業規則の不利益変更の際に個々の労働者から変更内容について個別
同意を取得する場合がある。

46 第1部 デジタル時代における法務実務

1 労働条件通知書の電子化

(1) 電子メール等による明示方法

　労働基準法15条が規定する労働条件の明示方法は「書面の交付」が原則であるが，「労働者が希望した場合」はFAXや電子メール等の送信による明示も可能である（同法施行規則5条4項ただし書き）。ここでいう「労働者が希望した場合」は，労働者が口頭で希望を伝えた場合も含むと解されているが，紛争の未然防止の観点からは，労働者の希望は記録化できる方法で確認すべきである。なお，同法施行規則5条4項2号は「電子メール等」について「当該労働者が当該電子メール等の記録を出力することにより書面を作成することができるもの」であることを要件としているが，書面作成するか否かは労働者個人の判断に委ねられており，一般的に出力可能な状態であれば足りる。

(2) 電子メール等による場合の明示方法

　労働条件の明示を電子メール等で行う方法について，行政通達（平成30年12月28日付け基発1228第15号）には以下が挙げられている。

① パソコン・携帯電話端末によるEメール，Yahoo!メールやGmailといったウェブメールサービス

② RCS（リッチ・コミュニケーション・サービス）や，SMS（ショート・メール・サービス），

③ LINE等のSNSメッセージ機能

　上記②のRCSやSMSは，PDF等の添付ファイルを送付できず，送信可能な文字数にも制限がある。また，書面出力も通常想定されていないので，上記①や③の方法がよいだろう。

　③のLINE等のSNSを利用する場合，本文に直接入力する方法は，紙による出力が可能であれば法令上の要件である「出力することにより書面を作成することができる」は満たすが，紛争の未然防止や書類管理の観点から，モデル労働条件通知書へ記入して電子メール等に添付し送信する等の方法が望ましい。

　なお，労働者が開設しているブログ，ホームページ等への書き込みや，SNS

第6章　デジタル時代における労働契約の締結・変更の方法　47

の労働者のマイページにコメントを書き込む行為等の方法は，「電子メール等」には該当しない（前掲行政通達参照）。

（3）　運用上の注意点

　雇用主側が送信する電子メールについて，労働者側で受信拒否の設定になっていたり，着信できていなかったりする可能性があるため，到達確認と記録化が可能なシステムにしておく必要がある。

　前掲行政通達では，労働者側の受信拒否設定や電子メール等の着信音が鳴らない設定にしたりしているなどのために，受信者側が着信を認識し得ない状態でも，受信履歴等から電子メール等の送信を認識可能であれば，送信したことになるとしている。もっとも，労働条件の明示を巡る紛争の未然防止の観点からすれば，労働者に対して端末等が受信拒否等の設定となっていないかを確認したり，メール送信後に労働者本人に受信確認をする等の対応をとるべきである。

　また，労働者側からの連絡内容も保存可能なシステムにしておく必要がある。労働条件明示を「書面の交付」以外の方法で行うのは「労働者が希望した場合」であることが前提であるため，労働者側の希望を記録化しておくべきだからである。

2　労働契約の締結

（1）　労働条件通知書との関係性

　労働契約書を電子署名の形式で作成するケースも増えている。この場合，1で述べた労働条件通知書との関係を確認する必要がある。

　実務では，労働条件通知書と労働契約書を兼ねることが多いが，この場合でも以下のように「労働条件通知書を電磁的方法によって交付されることを希望する」旨の条項を設けておくとよい（「第2部第7章　労働契約書」末尾の条項も参照）。

48 第1部 デジタル時代における法務実務

> 　私は，この度の労働契約の締結（更新）にあたって，電磁的方法による本契約書（労働条件通知書を兼ねるものとする）の交付を希望します。

　また，労働契約書を作成せず，労働条件通知書だけを作成する場合でも，同通知書に以下のような同意欄を設けておき，労働者側が署名することで労働条件通知書の内容に労働者が同意していることを記録に残す方法をとることもある。

> 〔　　　　　会社〕御中
>
> 　私は，上記労働条件通知書の内容（引用されている就業規則を含む）を確認した上で，上記条件に同意いたします。
>
> 　　　年　　　　月　　　　日
>
> 　　　　　　　　　　　　　　　　　（署名）

　労働契約書を作成するか否かは，会社側の手続きにも関わる。労働契約書の形式にする場合は会社（雇用主）側の署名等が必要になるが，労働条件を電子メールの送信によって明示する場合には，会社（雇用主）側の署名や押印は必須ではないからである。なお，厚生労働省の説明（平成31年4月・厚生労働省労働基準局「改正労働基準法に関するQ&A」）の「4-7」では，労働条件通知書を書面交付する場合に会社（雇用主側）が押印している等の事情があれば，電子メール等の場合でも署名等をすることが望ましいとしている。

（2）　電子署名の場合の注意点

　労働契約では，実際に就労する労働者本人が締結者となるので，本人以外が労働契約書を締結して就労することや，労働者側の契約締結権限が問題となる事態は想定し難い。

　注意すべき事項としては，労働者側では電子署名やメール操作の知識・スキ

ルが千差万別であり，メールアドレスもフリーアドレスを用いている場合がある点である。誤送信や漏洩リスクを防止する観点から，本人のメールアドレスで受送信が可能かを確認してから対応すべきである。

（3）　社内規程の確認

　労働契約の締結のほか，懲戒処分や解雇等の人事措置について，就業規則等の社内規程で「通知書面（文書）により」とか「書面の交付により・・・を命じる」のように，書面の作成・通知が規定されていることがある。

　近時は，書面の郵送に要する時間の短縮や書面の受取拒否を想定して，電子メールの方法で人事措置を通知するケースが増えており，上記のような社内規程は，書面以外に電子メールによる通知の方法でも可能とするように修正すべきである。

3　労働契約の変更

（1）　変更内容や変更手続の記録化

　労働条件変更は雇用主である会社側が提案することもあれば，労働者側から勤務軽減措置等を求め，これに会社側が応じる形で労働条件変更が行われることもある。いずれの場合でも，変更内容を明確化するため，労働契約の変更は書面等の記録に残る形式で行うのが通常である。

　このように労働条件変更について書面等を作成する場合，経過・手続きも明記しておくことがある。後から「不適切な手続きであった」「十分な説明がなされず，不利益内容を認識・自覚していなかった」などと主張され，同意の有効性が問題になることを避けるためである。特に，労働者側に不利益な労働条件変更の場合は，同意（合意）の書面を作成していた場合でも，後から変更の有効性が争われることがあり注意を要する（社員の同意があった場合でも，変更の有効性を否定した事案として，山梨県民信用組合事件の最高裁判決（最高裁二小 平28.2.19判決）がある）。

（2） 電子メールやweb会議を利用する方法

　労働者側に不利益な労働条件変更を行う場合には，同意の存在・有効性が争われるリスクがあるため，労働者側の同意・合意は明確化すべきであり，不利益変更を通知するメールに返信がないことや社内説明会で労働者側から反対意見がなかったことをもって同意・合意があったと取り扱うことは不適切である。

　労働者側に不利益な内容について同意・合意を得る際の説明手段としては，電子メールやweb会議の方法も可能ではあるが，労使紛争が想定されたり，労働者側の反応を随時・正確に把握する必要がある場合には，対面による面談も併せて実施することを検討すべきである。

　また，電子メールやweb会議の方法だと，会社側の説明内容や提供情報が労働者側から漏洩される危険性もある。そこで，web会議の場合は場所を指定し，周囲に第三者がいないことを確認し，この点を会議冒頭でも確認すべきである。この点，GPS機能を利用して所在確認をする方法もあるが，業務時間外の所在確認など過度の監視は避ける必要がある（第4部　裁判例〔東起業事件〕参照）。

（3） 記載事項

　労働条件の変更に労働者側が同意した場合，電子署名を使って会社（雇用主）と労働者で合意書を締結する方法もあれば，労働者側が同意書を提出する方法もある（両者の違いは「2（1）」参照）。いずれの方法をとる場合でも，変更内容を具体的に記載したうえで，以下のように変更理由や事前の説明内容も記載しておくとよい。

　本年○月○日の社員説明会で説明された労働条件の変更内容等については，同説明会に出席し，同説明会で配布された資料（①人事制度の変更について，②変更の内容とスケジュール，③改正規定の新旧対照表等）に基づいて，労働条件変更の理由や内容を確認しました。また，上記説明会後の個別面談において，私の労働条件への影響も具体的にご説明がありました。

　以上を踏まえ，私は上記労働条件の変更に同意しますので，本同意書に署名及び提出（いずれも電磁的方法による）します。

（高仲幸雄）

第 2 部

デジタル時代の国内契約

第1章

販売代理店契約

ポイント

・「販売店契約」と「代理店契約」という2つの類型がある。両者は似て非なる概念として取り扱われるため，双方を理解できるように説明する。

・いずれの類型に当たるかは，（契約書のタイトルにかかわらず）取引条件や取引実態等を踏まえて解釈されるため，本書で説明する事項を踏まえて判断していただきたい。

・販売店契約に関し，再販売価格，販売地域，取引先や競合商品の取扱い等について一定の条件（制限）を設けることがあるが，独占禁止法上の問題が生じる可能性がある。

≪関連法とキーワード≫

私的独占の禁止及び公正取引の確保に関する法律（独占禁止法）：メーカー等の供給者が販売店等の販売価格（再販売価格）を拘束することは，「不公正な取引方法」（独占禁止法2条9項4号，一般指定12項）に該当し，原則違法となりうる。供給者が販売店等に対し，何らかの人為的手段を用いて特定の価格で販売するよう強いるような場合が該当する。一方，実質的に供給者から顧客に直接商品が販売されるような代理店契約では，そもそも代理店が対象商品の再販売を行わない構成であるため，基本的に問題にならないと考えられる[1]。

　次に，市場における有力なメーカー等の供給者が，販売店等に対し，競争品の取扱いを制限することによって市場閉鎖効果が生じる場合や，販売地域

---

1) 公正取引委員会ウェブサイト・平成21年度相談事例集・事例2（URL：https://www.jftc.go.jp/dk/soudanjirei/h22/h21nendomokuji/kakaku7.html）【最終アクセス：2024年8月15日】

を厳格に制限することよって価格維持効果が生じるような場合は,「不公正な取引方法」（独占禁止法2条9項4号,一般指定11項,12項）に該当し,違法になる場合がある。特に供給者側が,市場で20％以上のシェアを持つ場合は注意を要する[2]。

「販売店」と「代理店」：「販売店契約」とは,「販売店（Distributor）」が,メーカー等の供給者（以下「供給者」とする）の製造・販売する商品を自己の名義と計算により当該供給者から仕入れ,これを顧客に再販売するため,供給者と販売店間で締結される契約である。販売店は,（後述する「代理店」とは異なり）独立した契約主体となるため,売買契約は販売店と顧客との間で成立する。つまり,販売店は顧客との売買契約の当事者となる。

一方,「代理店契約」とは,供給者を代理する「代理店（Agent）」が供給者のために,供給者の製造販売する商品を「顧客」に販売する目的で供給者と代理店間で締結される契約である。代理店は,当該商品の売買の仲介や取次ぎ等を行うが,売買契約自体は供給者と顧客との間で成立する。つまり,代理店は顧客との売買契約の当事者とはならない。

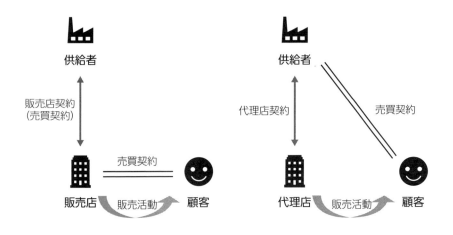

---

[2] 前掲公取委ウェブサイト・「よくある質問コーナー（独占禁止法）」・Q17（URL：https://www.jftc.go.jp/dk/dk_qa.html#cmsQ17）【最終アクセス：2024年8月15日】

販売店は，代理店と異なり，顧客との売買契約の当事者となるため，顧客からの代金回収リスク，商品在庫リスク，顧客に対する契約不適合責任を直接負うこととなる。一方，代理店は，顧客との売買契約の当事者とはならず，これらのリスク・責任を直接負うことにはならない場合が多い。

「独占的（exclusive）」または「非独占的（non-exclusive）」な販売権：独占的な販売権を設定した場合，基本的には販売店に対してのみ対象商品を販売する権限が付与され，供給者自身も対象商品を販売できなくなる。一方，非独占的な販売店を設定した場合，販売店のみならず，供給者も対象商品を販売する権利が残される。

　対象商品の販売機会をどれだけ確保するか，という観点のみで捉えれば，販売店としては独占的な販売権を付与してもらいたいと考える一方，供給者としては非独占的な販売権を付与するにとどめたいということになろう。

　実際は，「販売地域（Territory）」ごとに販売店の販売条件を設定したり，また販売店に対して「最低購入数量（Minimum Guarantee）」の条件を課す等により，両者間の利益調整が行われることが多い。

1　契約書チェックポイント

（1）　独占的な販売権の付与（第3条）

　まず，供給者（メーカー等）が製造販売する対象商品の販売権を，「独占的」または「非独占的」な権限とするかが問題となる。

　前記のとおり，販売店に付与される販売権を独占的または非独占的なものにするかによって，対象商品に関する供給者自身の販売活動の範囲も異なることになる。

　本契約では，第3条第1項に基づき，甲が乙に対して本商品の独占的な販売権を付与する一方，同条第2項のとおり，供給者自身も本商品を販売できなくなることを定めている。

（2）　販売地域（第3条，第4条第2項）

　供給者が販売店に対し独占的な販売権を付与するケースでは，販売店による

対象商品の販売活動が，特定の地域に限定されることがある（第3条，第4条第2項）。

　また，販売店の販売活動の範囲について，独占的な販売地域と非独占的な販売地域の双方を設定する場合もある。

　このような販売地域の制限に係る条件が，独禁法2条9項「不公正な取引方法」との関係で問題になりうることは前記のとおりである。販売活動や保守・サポートサービス提供のための「責任地域制」や「販売拠点制」を採用するような事態を超えて，市場シェアが20％を超える供給者が，販売店に対して厳格な販売地域制限を課すことにより価格維持効果が生じさせるような状況は注意を要する。

（3）　最低購入数量（第7条）

　供給者が販売店に対し独占的な販売権を付与した場合，供給者が販売店に対し対象商品の最低購入数量に係る義務を課すことで，販売店による一定以上の売上を確保させる場合がある。例えば，販売店が，特定の事業年度において，供給者より対象商品を○個以上購入しなければならない，といった義務を定める。

　一方，販売店としては，可能な限り自己の負担を軽くするため，最低購入数量に係る条件を努力義務としたり，当該基準に満たない分について供給者に販売権を付与したりする等の代替案を検討することになる。実際は，当該基準に満たない分について販売店が供給者に補償するといった条件も多い。

（4）　納品（第8条第1項）

　通常の売買契約と同様，供給者が販売店に対して対象商品を納入する際の条件として，納入時期（納期），納入場所等を規定する。

　販売店としては，納期遅延が生じる場合の救済方法（例：遅延が予想される場合の事前通知義務，納期遅延が生じた場合のペナルティ等）を定める場合もある。一方，供給者としては，販売店が対象商品の受領を拒絶した場合の取扱いを定めることも考えられる[3]。

　供給者と販売店との間で，（販売店契約に基づき）個々の取引毎に個別契約

書や受発注書を通じて個別契約を成立させる場合，対象商品を特定する情報，売買代金や支払条件等とともに，納品に関する条件を個別に定めることが考えられる（第2条）。

（5） 検査・検収（第8条第2項ないし第5項）

商法526条1項，2項によれば，商事売買においては，買主は，目的物を受領後遅滞なく検査しなければならず，その契約不適合を発見したときに直ちに売主に通知しなければ，売主による救済を受けることができなくなる。

実務では，民商法に定める検査手続，契約不適合（瑕疵担保）責任に関するデフォルトルールを当事者間の合意で修正したり，詳細化することにより，争いのリスクをヘッジすることが多い[4]。

本契約では，第8条第2項以降で対象商品の納入時の検査（検収）条項を設け，納入された対象商品について検査基準，検査期間，検査結果に応じた当事者の義務，みなし検収等を定めている。

（6） 契約不適合責任・品質保証（第11条）

販売店契約の場合，供給者が製造・販売した対象商品に不具合が生じた場合の責任分担が問題となりうるが，売買契約の契約不適合（瑕疵担保）責任とパラレルに検討することになる。

本契約では，本商品の品質，性能等に係る契約不適合責任を規定する（第11条第1項）とともに，本商品の知的財産権侵害に関し第三者からクレーム等が生じた場合の責任も規定した（同条第2項）。

そもそも，商法526条1項，2項によれば，商事売買においては，納品後の検査で発見できない契約不適合について，買主は，商品を受領した時点から6か月以内に契約不適合を発見した場合，直ちに売主に通知しなければ救済手段

---

3) 民法上，買主の受領遅滞に基づき売主の損害賠償請求や契約解除が認められるか否かについては，解釈に委ねられる部分があるため，買主の受領義務違反が生じた場合の取扱いを明記するのが望ましい。

4) 前記民商法の定めは，いずれも任意規定であるため（民法91条参照），当事者が当該定めと異なる特約を合意した場合，公序良俗違反（同90条）とならない限り，当該合意が優先して適用されることとなる。

（履行追完請求，代金減額請求，損害賠償請求および契約解除）を講じること
ができない。

　実務では，前記のとおり，当該ルールを当事者間の合意で修正することが多
い。販売店としては，より有利な条件で，対象商品の不具合等の問題を供給者
側に解決してほしいことになる。一方，供給者としては，対象商品の品質等の
保証範囲を限定したいところである[5]。

　以上の事情を踏まえ，契約不適合責任条項では，以下の点を具体的に定める
という方向になると考えられる。

- ・契約不適合の内容（例：供給者の指定した技術仕様書の記載事項との不一
  致のみを対象とする）
- ・供給者が契約不適合を負う期間およびその起算点（例：販売店が契約不適
  合発見後○ヵ月以内に通知した場合に限る）
- ・販売店の救済方法（例：履行追完請求，代金減額請求，損害賠償請求およ
  び契約解除の全部または一部を認めるか，契約不適合の有無等の調査費用
  をいずれが負担するか）
- ・販売店が被った損害の賠償責任（後述の損害賠償責任を参照されたい）

　販売店は，別途顧客との間で対象商品の売買契約を締結するが，契約不適合
責任の条件・負担の範囲について，供給者と顧客との板挟みになるような事態
は避けたい。つまり，販売店は，顧客との売買契約に基づき顧客に対して過大
な責任を負う一方，供給者との販売店契約によれば供給者が免責されてしまう
（販売店が供給者に対して十分な求償ができない），といった事態に陥らないよ
う，将来締結する顧客との売買契約で定める条件も見据えつつ，販売店契約の
交渉に進めることになる。

（7）　損害賠償責任（第13条）

　契約不適合責任と同様，契約違反が生じた場合の損害賠償責任も売買契約の
それとパラレルに考えることができる。通常の売買契約では，買主の主たる義

5）　ただし，商慣習等を踏まえれば，特にハードウェアの販売に係る取引において，供給
　　者側が一切免責される条件とするのは難しいであろう。

務は代金支払義務にとどまるため，契約違反については，むしろ目的物を販売
する売主側のほうで問題になることは多い。一方，販売店契約では，販売店が
買主の位置づけであっても，販売店特有の義務（販売権の制限，最低購入義務
等）が個別に規定される場合がある。

　民法の原則によれば，損害賠償の範囲は通常損害および予見可能な特別事情
から生じた損害であるが（民法416条），自己の契約違反により，取引規模を超
える範囲の損害について賠償義務を負うリスクがある。そのため，いずれの当
事者も，以下の観点から自己の責任を制限する条件を設けることが考えられる。

- ・損害賠償の範囲：契約違反により直接かつ現実に発生した損害のみに限定
  する。加えて，事業機会の損失，逸失利益，派生的損害，間接損害，特別
  事情から生じた損害については，賠償義務を負う範囲からヘッジする（第
  13条第1項本文）。
- ・損害賠償額の上限：案件の特性に応じて調整することになる。例えば，損
  害発生の直接の原因となった個別契約に定める販売価額を超えて責任を負
  わないようにすることが考えられる（同条第2項）。
- ・損害賠償責任を負う期間：一般的な損害賠償条項に定められるケースは少
  ないが，自ら損害賠償責任が発生しうる条項について，責任発生の起算点
  および責任を負う期間を明示する場合もある（同条第1項ただし書）。

　なお，前記の契約不適合責任と同様，販売店としては，供給者と顧客との板
挟みになるような事態を避けるよう注意すべきである。

（8）　契約期間（第17条）

　販売店契約の有効期間を定めるが，所定の手続を経ない限り自動更新される
ことを前提としている（第17条第1項）。また，所定の条項に関する残存条項
とともに（同条第2項），契約終了後の一定期間中の在庫の処理等を定めてい
る（同条第3項）。

　いずれの当事者も対象商品の販売拡大のため継続的な取引を想定している以
上，販売店契約の契約期間は長期間とするか，または一方当事者からの事前通
知がない限り自動更新させるケースが多いであろう。

　なお，継続的契約という性質から注意すべきリスクもある。販売店契約は取

引関係が長期間にわたるため，一方当事者からの契約解消により相手方に著しい不利益が生じる場合がある。契約条件に沿った更新拒絶等は原則として有効ではあるものの，契約解消の合理性・必要性や相手方への影響等の個別事情によっては，一方当事者による更新拒絶等が権利濫用・信義則違反により無効とされる可能性もある。

　例えば，一方当事者が，相手方における当該取引への依存度が大きいにもかかわらず，相手方との関係継続の合理的努力をしないまま（十分な事前告知期間を設けないまま）更新拒絶等を行うような場合が挙げられよう[6]。

　以下，本書で紹介するモデル契約は，ハードウェア機器の売買取引を想定して締結した「販売店契約書」である。また，同契約書との比較参照の観点から，「代理店契約」のモデル契約も掲載する。

（藤枝典明）

---

6)　長期間継続した販売代理店契約の解約につき，その解約には①1年間の予告義務を設け，もしくは②同期間に相当する損失を補償すべきとした裁判例として，東京地判平成22年7月30日（平成17年（ワ）25703号）等。

第1章　販売代理店契約　61

販売店契約書

　　　　　　　　（以下「甲」という）と　　　　　　　　（以下「乙」という）は，日本国内の顧客に対する本商品（第1条に定義する）の販売権の許諾に関して，以下のとおり販売店契約（以下「本契約」という）を締結する。

第1条（定義）

　本契約において，次の各号の定義はそれぞれ当該各号に定める意味を有する。

　1）「本商品」とは，甲が製造・販売する〇〇機器「〇〇（商品名・型番）」をいう。

　2）「顧客」とは，乙が本契約に基づき本商品の営業・販売行為を行うことにより，乙から本商品を購入することを決定し，乙と本売買契約を締結した顧客（当該契約を締結すると合理的に見込まれる者を含む）をいう。

　3）「テリトリー」とは，日本国をいう。

　4）「本売買契約」とは，乙が顧客に対して本商品を販売し，顧客が当該販売代金を支払うことを条件とする，乙と顧客との間で締結される売買契約をいう。

第2条（個別契約）

1　本契約は，本商品の個別の売買契約に関して甲乙間で成立する個別契約（以下「個別契約」という）に適用される。なお，個別契約において本契約と異なる定めをした場合，個別契約の定めが優先する。

2　個別契約は，甲が乙に販売する本商品の内容・種類，仕様，数量，販売価格，納期，納品場所その他個別契約の成立に必要な事項（以下「発注条件」と総称する）を記載した発注書その他発注条件を明示した申込書面による乙からの申込みに対して，甲が発注請書その他これに類する書面を乙に提出したとき，又は，発注条件を記載した甲所定の個別契約書に当事者双方が記名捺印した時に成立する。

第3条（許諾内容）

1　甲は，本契約の有効期間中，テリトリーにおける譲渡不能な独占的販売権を乙に付与し，本契約に基づき，自己の名と計算においてテリトリー内の顧客に本商品を販売することを乙に許諾する。

2　甲は，テリトリー内で本商品を販売するために他の販売店その他の第三者に販売権を許諾したり，任命したりしてはならない。甲は，販売店以外のチャネルを通じて，テリトリー内の第三者に対し，直接的又は間接的に本商品を販売しては

62　第2部　デジタル時代の国内契約

ならないものとする。

第4条（販売店の義務）

1　乙は，前条に基づいて，顧客に対して本商品の営業・販売活動を実施する。

2　乙は，別途甲が承諾する場合を除き，直接又は間接を問わず，テリトリー外の地域に本商品を販売してはならないものとする。

3　乙は，顧客に対して本商品を販売するにあたり，顧客との間で本売買契約を締結するものとする。乙は甲に対し，本売買契約を締結した各該当月における，顧客に販売した本商品の内容，販売価格等の取引実績等を，翌月○日までに甲所定の形式で報告するものとする。

4　乙は，本商品の品質，機能，内容，使用方法等の理解に努め，本商品の営業・販売活動を行うにあたり，甲から営業・販売方法に係る指示があればこれに従い，顧客に対しても適切かつ正確な説明を行わなければならない。

5　乙は，本契約に基づく義務の履行において，自己に適用されるすべての法律，規制ならびに倫理および誠実性に関する職業上の基準を遵守する。

6　乙は，本契約が終了した場合，本商品に係るカタログ，商品説明書その他前各項の義務を履行するため甲から受領した情報（書面，電磁記録媒体その他一切の媒体の複製物含む）を，返却，廃棄又は削除する。但し，乙は，当該情報を廃棄又は削除した場合，権限ある者の署名押印によりその旨を誓約する書面を速やかに甲に提出しなければならない。

第5条（供給者の義務）

1　甲は，乙による営業・販売活動を支援するため，必要に応じて，本商品に関して次の各号に定める事項を実施する。当該各号に定める事項の具体的内容，実施時期，費用負担の有無及び金額については，両者間で協議の上で定めるものとする。

　　1）本商品のカタログその他関連資料・データの作成，乙への配布

　　2）乙への商品説明，使用方法等の説明その他情報提供

　　3）その他甲が必要と判断する援助及び研修

2　甲は乙に対し，保守・サポートに係る業務として，自らの裁量と責任で，本商品に関する次の各号のいずれかのサービスを提供する。乙は，別途甲と合意しない限り，当該各号に定めるサービスを，自らの責任で顧客に提供するものとする。

　　1）本商品に係る問い合わせ対応その他情報提供

　　2）○○（例：一定の条件下における本商品の交換又は修理等）

　　3）その他甲乙間の合意により決定した事項

第1章　販売代理店契約　63

第6条（商標等の使用許諾）

1　甲は乙に対し，甲が別途指定する登録商標・ロゴ（以下「本商標」と総称する）を，本契約に基づく乙の義務を履行するために必要な限りで無償で使用する通常使用権を許諾する。乙は，当該範囲内で，本商標をテリトリー内に限り使用する義務を負う。

2　乙は，本契約に基づく義務を履行する際，本商品について本商標以外の商標・ロゴを使用してはならず，また，本商標と類似する標章の商標登録出願をしてはならない。

3　乙は，本商標に関連し，第三者から権利侵害に係る主張若しくは請求がなされたとき，又は，第三者から本商標の無効事由若しくは取消事由がある旨の主張若しくは審判請求がなされたとき，あるいはそのおそれがあることを知ったときは，直ちに書面により甲に通知する。当該通知があった場合に限り，甲は，乙からの必要な授権及び協力が付与されることを条件として，当該第三者との交渉及び紛争処理に対処する。ただし，甲は，当該第三者からの主張若しくは請求等が自己の責めに帰さない事由により生じた場合，乙に対していかなる責任も負わないものとする。

4　乙は，本契約の終了後，本商標を使用してはならないものとする。ただし，乙は，第17条第3項に基づき本商品の在庫を販売するため必要な限りで，本商標の使用を継続できる。

第7条（最低購入数量）

1　乙は，甲から，次の各号に定める期間中，当該各号に定める数量の本商品を購入するものとする。なお，本契約が当該各年度の途中で終了する場合，当該数量は日割計算により算出する。

　1）○○年度　　○○個
　2）○○年度　　○○個
　3）○○年度　　○○個

2　乙が前項に定めるいずれかの年度において最低購入額を達成できない場合，甲は，自らの裁量で次のいずれの措置を講じることができる。

　1）本契約の解除
　2）乙の独占販売権を非独占販売権に変更すること
　3）乙に対し，前項に定める本商品の各年度の最低購入数量と実際の販売店による購入数量の差分に相当する販売代金相当額を甲に支払うよう求めること

64 第2部 デジタル時代の国内契約

第8条（納入・検収）

1 甲は，個別契約の定める納期までに，本商品を乙に納入する。

2 乙は，本商品を受領後○営業日以内に，両者間で合意した検査基準に従い，本商品の検査を行い，合格したものを検収する。

3 乙は，前項に定める検査の結果，本商品が前項に定める検査基準に適合していないと合理的に判断できるときは，当該不適合の内容を書面にて甲に通知する。

4 甲は，前項に定める通知を受けた場合，乙の指示に従い，本商品に関して代替品の提供，部品の交換又は前項の不適合箇所の修理を行う。

5 乙が，本商品を受領後○営業日以内に第2項に定める通知を行わない場合，当該商品は，乙の検査に合格したものとみなす。

第9条（所有権移転，危険負担）

1 本商品の所有権は，前条第2項に基づき乙が検収した時点をもって，甲から乙に移転する。

2 前項の定めによる所有権の移転前に生じた本商品の毀損又は滅失等による損害は，甲の負担とする。ただし，当該損害が乙の故意又は過失により生じた場合，この限りではない。

3 第1項の定めによる所有権の移転後に生じた本商品の毀損又は滅失等による損害は，乙の負担とする。ただし，当該損害が甲の故意又は過失により生じた場合，この限りではない。

第10条（支払条件）

1 乙は，甲に対して，本商品の販売代金として，個別契約に定める金額を支払うものとする。

2 前項の販売代金は，個別契約に別途定めがない限り，毎月末日締め翌月末払いとし，支払期日に甲の指定する以下の銀行口座に振込み支払うものとする。ただし，振込手数料は乙の負担とする。

【振込先】○○

3 乙は，前項に定める支払期限に万一遅延した場合，約定期間満了の翌日から支払いをする日までの日数に応じ，未支払金額に対して年14.6％の遅延損害金の利率を乗じて計算した金額を遅延利息として甲に支払わなければならない。

第11条（契約不適合責任等）

1 乙が，本商品が本契約及び個別契約（通常想定される品質・性能，契約条件，

仕様書を含む）に適合しない事実を，本商品の納入日より6か月以内に発見し，書面によりその旨甲に通知した場合，甲は，当該商品の修補又は交換（他の部品への交換も含む。）を行い，又は，当該不適合により乙が被った損害を賠償する。

2　前項に定めるほか，乙は，本商品の品質・性能等に関して，顧客その他第三者からクレーム，法的申立て又は訴訟提起等の紛争が生じた場合，直ちに当該紛争が発生した旨及びその内容を甲に通知するとともに，当該第三者に対する窓口として誠意をもって対応，処理するものとする。

3　乙は，本商品に関連し，第三者との間で知的財産権に関する紛争（以下「本紛争」という）が発生したとき，あるいはそのおそれがあることを知ったとき，直ちに書面により甲に本紛争が発生した旨及びその内容を通知する。甲は，当該通知があった場合に限り，本紛争に関わる第三者との交渉又は訴訟等の追行に関して，乙から必要な授権及び協力が付与されることを条件として，本紛争を処理し，乙が当該本紛争の関係当事者となることを回避する努力をする。この場合，甲は，本紛争が自己の責めに帰すべき事由により生じた場合，本商品が最初に乙に納入された日から1年間に限り，甲の裁量により次の各号のいずれかの措置を講じるものとする。

1）乙が何ら制限を受けることなく本商品の使用，販売を継続できる権利を得ること。

2）第三者の知的財産権侵害を回避できるよう，本商品の全部又は一部を変更，修正すること。

3）第三者の知的財産権が回避できる他の物品等と交換すること。

4　本条は，本商品の契約不適合が生じた場合の甲の責任の全てを定めるものとする。

第12条（販売店と顧客との紛争）

前条に定めるほか，顧客の乙に対する販売代金の支払遅延，乙の説明不足その他乙と顧客等の第三者との間で生じる紛争について，乙は，甲の責めに帰すべき事由による場合を除き，一切の責任を負うものとし，また，当該紛争により甲に生じた損害，損失等を補償し，甲を免責するものとする。

第13条　（損害賠償責任）

1　甲及び乙は，本契約又は個別契約に違反したことによって，相手方に直接かつ現実に生じた損害（間接損害，派生的損害，逸失利益，事業機会の損失，特別な事情から生じた損害を除く。）に限り，賠償責任を負う。ただし，当該損害賠償の請求原因となる当該個別契約の終了日から12か月を経過した後は，この限りでは

66　第2部　デジタル時代の国内契約

ない。

2　本契約上別段の定めにかかわらず，前項に定める損害賠償の累計総額は，債務不履行，不法行為，不当利得その他請求原因のいかんにかかわらず，当該請求の直接の原因となる個別契約に定める販売価額を上限とする。

第14条（秘密保持）

1　甲及び乙は，本契約に関し相手方から開示された図面，帳簿，書面等であって，秘密である旨が指定されたもの（以下，本条において「秘密情報」という。）を，善良な管理者の注意をもって管理し，相手方の書面による事前承諾がない限り，第三者に開示又は公開してはならない。ただし，法令上の強制力を伴う開示請求が公的機関よりなされた場合，相手方への速やかな通知を行うことを条件として，必要最小限の範囲で秘密情報を開示できるものとする。

2　次の各号に該当する情報については，秘密情報に該当しないものとする。

　1）開示された時点，すでに公知となっている情報

　2）開示された後，自己の責めによらず公知となった情報

　3）開示された時点で，すでに自己が保有していた情報

　4）開示された後，自ら第三者に対して守秘義務を負うことなく適法に取得した情報

　5）秘密情報によらず独自に開発・取得した情報

3　甲及び乙は，本商品の営業・販売活動遂行以外の目的で秘密情報を使用してはならず，当該目的のため必要な限度を超えて，秘密情報を複製してはならないものとする。

4　甲及び乙は，本契約が終了した場合，相手方から受領した秘密情報（書面，電磁記録媒体その他一切の媒体の複製物を含む）を，相手方に返却，廃棄又は削除する。但し，当該秘密情報を廃棄又は削除した場合，権限ある者の署名押印によりその旨を誓約する書面を速やかに相手方に提出しなければならない。

第15条（反社会的勢力の排除）

1　甲及び乙は，自己，役員等（本契約において，「役員等」とは，取締役，執行役のほか，業務を執行する社員，又はこれに準じる者，代表者，責任者その他経営に実質的に関与する者をいう。）及び関係会社（本契約において，「関係会社」とは，会社計算規則に定める意義を指すものとする。）につき，現在及び将来にわたって，暴力団，暴力団員（暴力団員でなくなった日から5年を経過しない者を含む。），暴力団準構成員，暴力団関係企業，総会屋その他これに準じるもの（以下，「反社

会的勢力」と総称する。）に該当せず，また，以下の各号に定める関係を有しない
ことを表明し，保証する。

1）反社会的勢力が経営を支配していることあるいは実質的に関与していること
2）不当に反社会的勢力を利用していること
3）反社会的勢力に対し資金等を提供し，又は便宜を供与していること
4）その他反社会的勢力と社会的に非難されるべき関係を有していること

2 　甲及び乙は，自己，役員等及び関係会社が，将来にわたって，自ら又は第三者
を利用して，以下の各号に定める行為を行わないことを表明し，保証する。

1）暴力的な要求行為
2）法的な責任を超えた不当な要求行為
3）取引に関して，脅迫的な言動をし，又は暴力を用いる行為
4）風説を流布し，偽計又は威力を用いて相手方の信用を毀損し，又は業務を妨
害する行為
5）その他前各号に準じる行為

3 　甲及び乙は，随時，相手方が第1項及び第2項に定める事項を確認するために
実施する調査に合理的な範囲で協力し，その範囲内で相手方が要請した資料等を
提出するものとする。

4 　甲及び乙は，本条の定めに違反した場合は，本契約について，何らの催告なし
に直ちに解除されることを受け入れるとともに，かかる契約解除を理由として，
解除者に損害賠償請求その他名目の如何を問わず何らの請求もできないものとす
る。

第16条（解約）

1 　甲及び乙は，相手方が次の各号のいずれかに該当した場合，何らの催告なく，
本契約を直ちに解約することができる。

1）本契約に違反した場合であって，書面により当該違反の是正を催告したにも
かかわらず，相当期間内になお是正されないとき。
2）監督官庁より営業の取消し又は停止等の処分を受けたとき。
3）破産手続開始，民事再生手続開始，会社更生手続開始等の申立てがあったとき。
4）差押え，仮差押え，仮処分若しくは競売の申立てがあったとき，又は租税等
の滞納処分を受けたとき。
5）支払停止又は支払不能の状態に陥ったとき。
6）解散，合併，会社分割，事業譲渡の決議をしたとき。
7）前各号以外に財産状態又は信用状態に重大な変化が生じ，又はそのおそれが

68 第2部 デジタル時代の国内契約

あると認められる相当の理由があるとき

8）不可抗力その他当事者の合理的支配を及ぼすことが困難な事由により，契約の履行継続が困難であると判断したとき。

9）その他前各号に準ずる事由が生じたとき。

2 前項に基づく本契約の解約は，これを行った当事者からの損害賠償請求を妨げないものとする。ただし，前項第8号に定める場合，この限りではない。

第17条（有効期間）

1 本契約は，契約締結日から○○年○月○日まで有効とする。当該期間の満了日の○ヶ月前までいずれの当事者からも書面による申し出のない限り，本契約は同条件で1年間更新されるものとし，以降も同様とする。

2 本契約が終了した場合であっても，第14条（秘密保持）の定めは，本契約の終了日から3年間効力を有し，第6条（商標等の使用許諾）4項，9条（所有権移転・危険負担），第13条（損害賠償責任），本項，次項及び第18条（一般条項）の定めは，本契約終了後も引き続き効力を有する。

3 乙は，本契約終了後○か月間に限り，本売買契約に基づき，自己が在庫として保有する本商品を顧客に販売することができ，当該期間経過後は，甲の指示に従い，当該在庫分の本商品を甲に返還するものとする。ただし，本契約の終了事由が甲による解除又は解約による場合，乙は，当該在庫分の本商品を甲に直ちに返還するものとする。

第18条（一般条項）

1 甲及び乙は，相手方の書面による事前承諾なしに，本契約上の地位を第三者に承継させ，又は本契約に基づく権利義務の全部若しくは一部を，第三者に譲渡し，承継させ，又は担保に供してはならない。

2 本契約の一部の条項が無効又は執行不能となった場合においても，その他の条項の有効性および執行可能性はいかなる意味においても影響を受けないものとする。

3 本契約は日本法を準拠法とし，これに従い解釈される。

4 本契約に関する一切の紛争については，東京地方裁判所を第一審の専属的合意管轄裁判所とする。

5 本契約は，甲乙間における本商品の営業・販売活動に関する唯一かつ全部の合意をなすものであり，本契約に別段の定めがある場合を除き，従前に一方当事者が相手方に対して提出した書面，電子メール等に記載された内容又は口頭の合意

が，甲及び乙の権利又は義務にならないことを相互に確認する。

　本契約成立の証として本契約書2通を作成し，デジタルサインの上その電子データを保管する。

70　第2部　デジタル時代の国内契約

代理店契約書

　　　　　　　　（以下「甲」という）と　　　　　　　　　（以下「乙」という）は，乙が本商品（第1条に定義する）を甲の代理店として販売することに関して，以下のとおり代理店契約（以下「本契約」という）を締結する。

第1条（定義）
　本契約において，次の各号の定義はそれぞれ当該各号に定める意味を有する。
　1）「本商品」とは，甲が製造・販売する○○機器「○○（商品名や型番)」をいう。
　2）「顧客」とは，乙が本契約に基づく本商品の営業・販売活動をすることにより，甲から本商品を購入することを決定し，甲と本売買契約を締結した顧客（当該契約を締結すると合理的に見込まれる者を含む）をいう。
　3）「テリトリー」とは，日本国をいう。
　4）「本売買契約」とは，甲が顧客に対して本商品を販売し，顧客が本売買代金を支払うことを条件とする売買契約のうち，乙が甲の代理人として，顧客との間で締結されるものをいう。
　5）「本売買代金」とは，本売買契約に基づき顧客が支払う本商品の売買代金をいう。
　6）「乙手数料」とは，本売買契約に基づき，乙が本商品の営業・販売活動の対価として受領する手数料をいい，本売買代金の○％の価額（税別）とする。
　7）「甲分配金」とは，本売買契約に基づき，本売買代金から乙手数料を差し引いた金額として甲が受領する分配金をいい，本売買代金の○％の価額（税別）とする。

第2条（許諾内容）
1　甲は，本契約の有効期間中，テリトリーにおける本商品の営業・販売活動に係る権限を乙に付与し，乙は，甲の代理人として本商品を顧客に販売する。
2　前項の定めにかかわらず，甲は，テリトリーにおいて，自ら本商品に関する営業・販売活動をすることができる。

第3条（役割分担）
　本契約上，前条に定める本商品の営業・販売活動に関する甲及び乙の役割分担は，次の各号のとおりとする。

1）甲の役割

　　　①　顧客に対する本商品の販売

　　　②　第5条第1項に定める乙による営業・販売活動の支援業務

　　　③　第5条第2項に定める本商品の保守・サポートに係る業務

　　2）乙の役割

　　　①　顧客に対する本商品の営業及び販売活動

　　　②　顧客が本売買契約を締結するために必要な手続の実施

　　　③　顧客に対する本売買代金の請求，受領

　　　④　本売買契約の成立後に行われる甲分配金の甲への支払

　　　⑤　顧客からの照会，要望，苦情又はクレーム（以下「クレーム等」という）

　　　　への対応（顧客に対する窓口としての一次的な問合せ対応に限る）

　　　⑥　その他前各号に関連する事項

第4条（代理店の義務）

1　乙は，善良な管理者としての注意義務をもって，本商品の営業・販売活動を実施する。

2　乙は，前条第2号「①」ないし「③」の役割を果たすにあたり，必要に応じて，自ら甲の代理人であることを顧客に示すものとする。

3　乙は，別途甲が承諾する場合を除き，直接又は間接を問わず，テリトリー外の地域において本商品の営業・販売活動をしてはならないものとする。

4　乙は，本商品の品質，機能，内容，使用方法等の理解に努め，本商品の営業・販売活動を行うにあたり，甲から営業・販売方法に係る指示があればこれに従い，顧客に対しても適切かつ正確な説明を行わなければならない。

5　乙は，顧客に対して，顧客が本商品を購入するにあたり，甲との本売買契約の締結その他所定の手続を実施することを説明するものとする。なお，本売買契約に係る契約条件及び当該契約締結に要する書面は，別途甲が指定する書式を採用しなければならない。

6　乙は，本契約に基づく義務の履行において，自己に適用されるすべての法律，規制ならびに倫理および誠実性に関する職業上の基準を遵守する。

7　乙は，本契約が終了した場合，本商品に係るカタログ，商品説明書その他前各項の義務を履行するため甲から受領した情報（書面，電磁記録媒体その他一切の媒体の複製物を含む）を，甲に返還，廃棄又は削除する。但し，乙は，当該情報を廃棄又は削除した場合，権限ある者の署名押印によりその旨を誓約する書面を速やかに甲に提出しなければならない。

72 第2部　デジタル時代の国内契約

第5条（供給者の義務）

1　甲は，第3条第1号に定める役割を果たすため，必要に応じて，乙に対し，次の各号に定める事項を実施する。当該各事項の具体的内容，実施時期，費用負担の有無及び金額については，両者間で協議の上で定めるものとする。

　1）本商品のカタログその他関連資料・データの作成，乙への配布

　2）乙への商品説明，使用方法等の講習・教育その他情報提供

　3）その他甲が必要と判断する援助および指導

2　甲は顧客に対し，保守・サポートに係る業務として，自らの裁量と責任で，本商品に関する次の各号のいずれかのサービスを提供する。

　1）本商品に係る問い合わせ対応その他情報提供

　2）○○（例：一定の条件下における本商品の交換又は修理等）

　3）その他甲乙間の合意により決定した事項

第6条（商標等の使用許諾）

1　甲は乙に対し，甲が別途指定する登録商標・ロゴ（以下「本商標」と総称する）を，本契約に基づく乙の義務を履行するために必要な限りで無償で使用する通常使用権を許諾する。乙は，当該範囲内で，本商標をテリトリー内に限り使用する義務を負う。

2　乙は，本契約に基づく義務を履行する際，本商品について本商標以外の商標・ロゴを使用してはならず，また，本商標と類似する標章の商標登録出願をしてはならない。

3　乙は，本商標に関連し，第三者から権利侵害に係る主張若しくは請求がなされたとき，又は，第三者から本商標の無効事由若しくは取消事由がある旨の主張若しくは審判請求がなされたとき，あるいはそのおそれがあることを知ったときは，直ちに書面により甲に通知する。当該通知があった場合に限り，甲は，乙からの必要な授権及び協力が付与されることを条件として，当該第三者との交渉及び紛争処理に対処する。

第7条（支払）

1　乙は，自ら甲の代理人とする本売買契約が成立した場合，顧客から本売買代金を直接受領するものとし，甲に対し甲分配金を支払う。

2　乙は，本契約の有効期間中，毎月末日を締日として，当該月で成立した本売買契約について，以下の項目を記載した書面（以下「報告書」という）を，翌月末日までに甲に提出する。

1）顧客の名称

2）当該顧客に販売する本商品の内容

3）当該顧客が支払う本売買代金の価額

3　甲は，前項の報告書を受領後，報告書記載の本売買代金の価額に対応する甲分配金の総額を記載した請求書（以下「請求書」という）を乙に発行する。

4　乙は，請求書の受領月の翌月末日までに，請求書記載の金額を，甲の指定する以下の銀行口座に振込み支払うものとする。ただし，振込手数料は乙の負担とする。

【振込先】○○

5　乙は，前項に定める支払期限に万一遅延した場合，約定期間満了の翌日から支払いをする日までの日数に応じ，未支払金額に対して年14.6％の遅延損害金の利率を乗じて計算した金額を遅延利息として支払わなければならない。

第8条（商品の品質・機能等に係る紛争処理）

1　乙は，顧客その他第三者からのクレーム等，本商品の品質・性能等に関する法的申立て又は訴訟提起等の紛争が生じた場合，直ちに甲に通知するとともに，当該第三者に対する窓口として誠意をもって対応，処理するものとする。

2　乙は，本商品に関する乙の説明不足その他乙と顧客等の第三者との間で生じる紛争について，甲の責めに帰すべき事由による場合を除き，一切の責任を負うものとし，また，当該紛争により甲に生じた損害，損失等を補償し，甲を免責するものとする。

第9条（監査）

1　甲は，本契約に定める乙の義務が遵守されているかを確認するため，事前に乙と協議の上，自ら又は甲から委託を受けた第三者により，乙における本商品の販売状況等に関する監査を行うことができるものとし，乙はこれに協力する。

2　前項の監査にかかる費用は，監査の結果，甲が，乙において本契約に違反する事実が存在すると認めた場合を除き，甲が負担する。

3　第1項の監査の結果，甲が，乙において本契約に違反する事実が存在すると認めた場合は，乙は甲に対し，本来甲に支払うべきであった甲分配金の対価から，支払済みの甲分配金に相当する価額を控除した金額の○倍に相当する価額を支払うものとする。

以上のほか，第10条（損害賠償責任），第11条（秘密保持），第12条（反社会的勢力の排除），第13条（解約），第14条（有効期間），第15条（一般条項）で定める内容は，販売代理店契約と同じ。

　本契約成立の証として本契約書2通を作成し，デジタルサインの上その電子データを保管する。

第2章

サブスクリプションサービス契約

ポイント

・サブスクリプション契約（SaaS = Software as a Service）は，クラウドで提供されるクラウドソフトウェア使用サービスとして，一定期間の使用に対して使用料を支払う利用契約である。

・サブスクリプション契約は，自社サーバにソフトウェアをインストールするオンプレミス形態でないクラウドサービスであり，サーバや個人のパソコンで管理するソフトウェアのようにインストールやバージョンをアップデートする必要がない。

・サブスクリプションサービス導入に際しては，セキュリティレビューが重要である。

・サブスクリプションサービスは，オンラインバンキングといったウェブを介して人が利用するサービスを提供するウェブ上のアプリケーションとは異なる。

≪関連法とキーワード≫

定型約款（民法第548条の２第１項）：特定の者が不特定多数の者に行う取引の内容を定めたものであり，個別交渉は想定されていない。サブスクリプションサービス利用規約は，交渉されないものであれば定型約款である。利用者の利益を一方的に害する内容の条項については合意されたとはみなされず，契約の内容とならない（同法第548条の２第２項）。利用者にとって不利益変更内容が含まれる場合，利用者の承諾なく変更できるのは，（１）変更が契約目的に反しないこと，（２）変更の必要性，変更内容の相当性，変更する旨の規定の有無などの事情に照らして合理的である場合に限られる（同法第548条の４第２項）。

消費者契約法：消費者の利益を不当に害する契約条項は，消費者契約法により

無効となる。例えば，損害賠償責任の全部を免除する条項（消費者契約法第
8条1項1号前段），事業者の故意又は重過失による場合に損害賠償責任の
一部を免除する条項（同法第8条1項2号），キャンセル料のうち，契約解
除に伴う平均的な損害額を超える部分についての条項（同法第9条1項1
号），任意規定の適用による場合と比べて消費者の権利を制限し又は義務を
加重する条項であって，信義則に反して消費者の利益を一方的に害する条項
（同法第10条）である。

データ処理契約（DPA，Data Processing Agreement）：データ管理者（企業）
とデータ処理者（第三者サービス・プロバイダー）の間における個人情報取
扱の処理を取り決める契約上の合意。EUは欧州連合（EU）を法域とする包
括的な個人情報保護法であるGDPR（General Data Protection Regulation）
に準拠するために締結されるデータ処理契約としてテンプレートを示してい
る。これを他の法域において利用するためには，それぞれの要件に適した
データ処理契約に修正することが必要である。

1　本モデル契約の概要

　本モデル契約は，メーカーと顧客との間のサブスクリプションサービス契約
である。顧客が消費者であるB2C取引の場合，消費者保護法による検討が必要
であり，交渉の余地がない定型約款として構成される。本契約は，企業間であ
るB2Bの契約である。従来のソフトウェアパッケージ販売（顧客HDにダウン
ロードするためのCDやアクティベート用ライセンスキーが印刷された証書が
梱包された商品）やダウンロード販売（ライセンスキーはメール送付されたり，
ギフトカードを使用してソフトウェア販売サイトからダウンロードする）によ
るソフトウェアライセンス契約はサブスクリプション契約に置き換わりつつあ
る。従来のクライアント側でインストールするソフトウェア場合，ラインセン
ス数を超えて使用した場合，違法コピーとなり，複製権の侵害となる。一方，
サブスクリプションサービス型ライセンスであればライセンサー側で使用量が
わかるため，違法使用が発生するケースが低くなり，仮に違法使用があっても
直ちに対応がとれる。

第2章　サブスクリプションサービス契約　77

2　契約書チェックポイント

（1）　サービス提供（第2.1条）

　本サービスは日本国内からのアクセスに制限していない。EUなど日本国外からアクセスして個人情報の域外移転がある場合，その地域に応じたデータ処理に関するデータ処理契約の締結が必要となる。本サービスはアップグレード，エラー修正，メンテナンス，サポート，バグ修正を伴い，随時更新され，本サービスのサポートまたは可用性に対する顧客の権利を重大に低下させない範囲に限るとしているが，軽度の低下はあるということである。この場合，権利を低減させないという表現であればユーザにとってはいいのであるが，メーカー側は少数のユーザしか使用しなくなった機能は廃止することも視野に入れてこのような文言（その少数ユーザにとっては大きな問題）にしているのである。

（2）　顧客データアクセス（第2.2条）

　プロバイダは，顧客の承諾を得ない場合を除き，顧客データにアクセスしないとしている。プロフェッショナルサポートにおいては，顧客の承諾を取得して顧客データにアクセスすることがある。

（3）　データセキュリティポリシー（第2.3条）

　サービスの提供を受ける側としては，セキュリティポリシーの内容を確認し，事前にアセスメントを行い，セキュリティポリシー違反の場合にどのような補償およびアクションが行われるかを確認することが重要となる。

セキュリティアセスメントチェックの内容例
　　1）セキュリティポリシーの策定，社内での適用状況
　　2）セキュリティポリシーの規程・体制・教育状況
　　3）セキュリティ評価，システム統制第三者評価状況
　　4）インターネット利用環境安全対策状況確認

78 第2部 デジタル時代の国内契約

　　5）利用システムのセキュリティ対応の実施状況確認
　　6）アクセス権限の適切な決定と管理
　　7）システム障害対応
　　8）不正アクセス・情報漏洩対策
　　9）データ情報漏洩対策状況
　　10）コンピュータサーバルーム入室管理
　　11）HD，USB使用規制

（4）　サービスレベル（第2.3条）

　サービスレベル（可用性）はwebで示されるとしている。回線の通信速度やシステムの利用不能時間などについて，利用者が問題なくサービスを使用できるかどうかを示す時間（稼働率）のことである。サービスの提供を受ける側としては，サービスレベルを満たさなかった場合にどのような補償やアクション（報告）が行われるかを契約前に確認することが重要となる。本契約においては，1月当たり連続する4時間を限度とするメンテナンス停止を原則週末の合理的な時間内に行うことができるとし，限定保証条項において前払使用料の払戻しを請求することが唯一の救済とする。

（5）　支払条項（第5条）

　源泉税処理などを行うとともに支払条項に追加して，関連条項を規定する必要がある。源泉税についてはマークアップ規定（受取人が満額受け取るように金額を上げるという）のケースがみられる。なお，課金制度は，定額課金，従量課金，定額課金と従量課金混合がある。さらに，固定課金のベースには，使用者登録人数，ID数，同時接続数，従業員総数に加えて下限料金，上限料金などがあるため，どの課金制度が適切かの検討が必要となる。

（6）　限定保証条項（第6条）

　プロバイダの本サービスの保証は，重要な点においてサービス概要に適合していることならびにサービスレベルポリシーに従って可用性を維持することである。保証期間は，個別契約書における開始日から1年間としているが，当初

テストインスタンス（test instance）でテストを行い，本番用インスタンス（production instance）の場合に保証期間が開始するという規定の場合がある。不具合がwebで公表する指定サブプロセッサ以外の第三者の不適合に起因する場合には適用されない。重大な不具合の場合で14日以内に不適合が解決せず存続した場合，顧客は影響を受けた本サービスを解除することができる。サブプロセッサは，PaaS（Platform as a Service）といったクラウドにあるプラットフォームが利用できるサービスベンダーであるAWSやAzureなどを想定しており，このようなベンダーの障害による場合はプロセッサの責任としている。無償検証が認められる場合，個別契約書で規定する。

（7）　責任制限（第8条）

　累積責任の上限額は，暦年でなく契約年度の1年間に顧客がプロバイダに対して払うべき使用料を限度としているが，支払ったかどうかは問わない（過去1年間に支払いした額を限度とする場合があることに注意する）。また，死亡，人身損害，重過失，詐欺，故意の不正行為は例外として責任制限額は適用されない。

（8）　反社による解除（第11.2条）

　反社条項は設けていないが，反社であることが判明したときに解除できる条件である。

（吉川達夫）

80　第2部　デジタル時代の国内契約

サブスクリプションサービス契約書

　本サブスクリプションサービス契約（以下「本契約」という）は，＿＿＿＿＿＿（以下「プロバイダ」という）と＿＿＿＿＿＿（以下「顧客」という）との間において，プロバイダが自社開発したクラウドサブスクリプション形態によるビジネスアプリケーションサービスである［サービス名］（以下「本サービス」という）を本契約の諸条件および個別契約書（以下に定義）によって提供するため，2025年X月Y日（以下「効力発生日」という）付で締結される。

1．定義

　「個別契約書」とは，個々の取引毎にプロバイダと顧客の間によって電子署名にて締結される個別契約を意味し，使用可能ユーザー数，サブスクリプション期間，サブスクリプション料金，及びその他本サービスに関する個別取引条件を定めるものである。

　「顧客データ」とは，顧客もしくは顧客の代理人，従業員または請負人によりアップロードされ，本サービス内で処理される電子データを意味する。

　「サービス概要」とは，プロバイダが公表する本サービスにおける機能の詳細を意味し，プロバイダのweb（以下「web」という）で示される。

2．本サービスの提供

1）プロバイダは，顧客に対してウェブ・ブラウザ経由プロバイダのログインページを通じてアクセス可能な本サービスを個別契約書に定めるサブスクリプション期間に提供する。本サービスはアップグレード，エラー修正，メンテナンス，サポート，バグ修正を伴い，随時更新されるものとする。ただし，その更新は，本サービスのサポートまたは可用性に対する顧客の権利を重大に低下させない範囲に限る。

2）プロバイダは，顧客の承諾を得ない場合を除き顧客データにアクセスしない。

3）プロバイダは，webで示されるデータセキュリティポリシーに従って本サービスに対するセキュリティ対策を実施し，webにて示されるサービスレベルポリシーに従ってサービスレベルを維持し，サポートを行う。なお，サービスレベルポリシーに詳細が規定されるが，1月当たり連続する4時間を限度とするメンテナンス停止を原則週末の合理的な時間内に行うことができる。

4）本サービスを顧客が利用することを可能にするため，プロバイダは，webで公

表する指定サブプロセッサ（以下「サブプロセッサ」という）を下請業者として起用できるものとし，お客様はこれに同意する。

5）顧客は，プロバイダが，個人情報保護法及びプロバイダがwebで公表するプライバシーポリシーに従って顧客の個人情報について収集，利用，開示及び移転その他の方法による処分をすることを了承する。なお，顧客はプロバイダが，本サービスを顧客が利用することを可能にするためサブプロセッサに個人情報を提供することができるものとする。

3．本サービスの使用

1）顧客は，個別契約書に定める制限に従い，顧客データの処理に関連して社内事業目的のためにのみ，本サービスを非独占的，再許諾不能，譲渡不能で使用する権利を有する。

2）顧客は，本サービスを以下の条件で使用しなければならない：

(a) 本サービスをサブライセンスし，売り渡し，譲渡し，又はその他の方法で顧客以外の者が本サービスにアクセス若しくは使用し，商業的に利用しない

(b) 本サービスを複製し，修正し，派生物を作成しない

(c) 本サービスのリバース・エンジニアリング又は逆コンパイルをしない

(d) 個別契約書に定めるユーザー数を超えて本サービスを使用し，複数の個人で本サービスを共有又は使用しない，また未承認のユーザー数を超えて本サービスを使用するためにシステムあるいはネットワーク等におけるアクセス権を取得しない

(e) 本サービスを違法目的で使用しない

(f) 顧客データの適法性に関して責任を負う

(g) 顧客データに機微情報を含めない

(h) 本サービスの使用にあたって適用される法令（安全保障輸出管理等法令を含む）を遵守する

(i) 個別契約書に定める利用期間のみ，本サービス利用する

(j) 個別契約書に定める利用期間において，中途解約はできない

3）もし顧客による本サービスの使用が，本サービスの安全性，可用性，そして合法性に対する差し迫った脅威を引き起こすことをプロバイダが誠実に信じる場合，プロバイダは顧客へのサービスの提供を一時停止できる。

4）本サービスの使用は，個別契約書で規定された使用制限に従うことを条件とし，いずれかの当事者が使用可能ユーザー数，サブスクリプション期間等制限を超えたことを認識した場合，当該当事者は速やかに相手方に通知する。超過使用

が確認された場合，顧客は当該超過使用についてプロバイダが発行した請求書に基づき超過使用に関して支払いを行うものとする。

5）プロバイダは本サービスの性能に関する統計情報を収集して，それらの情報を一般に利用可能な状態にすることができる。ただし，これらの情報から顧客データや個人を特定できる情報は識別できないものとする。

6）顧客は，別途契約することにより，プロバイダと本サービスに関する有償サポートを受けることができる。

4．知的財産権

1）プロバイダは，本サービスに関するすべての権利，権原及び利益，特許，著作権，商標，サービスマーク，実用新案権である知的財産権を含むすべての権利を保持する。顧客に対しては，本契約第3条で明示的に許諾された本サービスのアクセスおよび使用権を除き，いかなる権利も許諾されないものとする。

2）顧客は，顧客データについての知的財産権を有することを保証する。

3）第三者が本サービスに関する知的財産権に関して，顧客に請求をした場合，顧客は直ちにこれをプロバイダに伝え，プロバイダと協力して防御並びに解決すること，顧客が第三者とプロバイダが承諾しない和解を行わないことを条件にプロバイダが本サービスの知的財産権に関して顧客に生じた損害に対する責任を負担する。

5．使用料

顧客は，個別契約書に定める本サービスの使用料を支払う。この場合，適用される消費税，源泉徴収税，付加価値税，その他同様の税金をすべて支払う責任がある。顧客が本サービスの使用料を支払期日に支払わない場合，未払本サービス使用料に対して年率14.6％の遅延損害金を支払う。プロバイダに支払うにあたり源泉徴収義務が課される場合，税務当局に承認された有効な支払証明書を顧客がプロバイダに提出していない限り，顧客はその総額をプロバイダに支払う。本サービス使用料は，個別契約書に規定する期間満了日において更新する場合，変更される場合がある。

6．限定保証

1）プロバイダは，本サービスの顧客による使用について，本サービスがプロバイダの合理的な支配が及ばない事由による停止あるいは顧客の技術的問題によって提供することができない場合を除き，重要な点においてサービス概要に適合していること並びにサービスレベルポリシーに従って可用性を維持するこ

とを保証する。保証期間については個別契約書に定める。なお，本サービスの無償検証が個別契約書において認められた場合，無償検証期間中は無保証とする。

2）顧客は，本条に基づく保証の履行をプロバイダに求める場合，サービス概要に定める不適合を解決するためのサポート要求をプロバイダに提出しなければならない。プロバイダに提出後14日以上重大な不適合が解決せず存続した場合，顧客は，影響を受けた本サービスを解除し，影響を受けた本サービスにおける解約日以降の残存期間に相当する前払使用料の払戻しを請求することができる。ただし，本条に基づく保証は，プロバイダ又はサブプロセッサ以外の第三者の不適合に起因する場合には適用されない。上記が保証に対する唯一の救済とする。

3）本条において明記された保証を除き，また法律で許容される最大限において，プロバイダは，明示的，黙示的，法定もしくはその他の方法を問わず，書面か口頭かを問わず，商品性，正確性，権原の保証，非侵害もしくは特定目的適合性に対する保証，及び，取引の利用，過程もしくは実行で生じるあらゆる保証を含むがこれらに限定されない，すべての保証を否認する。上記に制限されずに，プロバイダは，特に，本サービスが，顧客の要求する条件に適合すること，または，それらが正確かつ障害なく運用可能であることを保証しない。

4）本条は，本サービスに関連するプロバイダの唯一の責任であり，顧客の唯一の権利及び救済方法である。

7．損害賠償

本契約に違反する行為又は不正もしくは不法な行為により相手方に損害を与えた場合，その被った損害の賠償を請求できるものとする。

8．責任制限

1）本契約に基づく累積責任上限額は，法律によって認められる最大の範囲において，その請求権が最初に発生した日における契約年度（契約開始日から1年毎）における1年間に顧客がプロバイダに対して払うべき使用料を限度とする。

2）前項は以下のいずれかの請求権には当てはまらない：(i)顧客がプロバイダに対して払うべき使用料並びに遅延損害金を含む損害額，(ii)死亡又は人身損害，(iii)重過失，詐欺又は故意の不正行為，(iv)第4条3項に基づく補償。

3）両当事者において，かかる損害が合理的に予見可能あるいはその損害を被る可能性について忠告されていたとしても，収入損失，取引損失，利益損失，経費節約の損失，信用損失，データ損失，機会損失，及びあらゆる種類の間接的に結果として生じた損失に責任を負わない。

84　第2部　デジタル時代の国内契約

4）プロバイダが，本サービスに関連して限定保証の履行あるいは第三者に対する知的財産権侵害の損害賠償等により，合理的に利用可能でないとプロバイダが判断した場合，プロバイダは本サービスを終了して，あらゆる事前に支払われて使用されていない使用料を返還できる。

9．免責

顧客による本サービスの選択，使用，使用結果，運用管理は顧客の判断によるものであり，プロバイダは顧客の本サービスの使用により生じることのある損害について，本契約に定める場合を除き一切の責任を負担しない。

10．秘密保持

本契約当事者は，本契約の履行に関して知り得た一方の当事者（「開示当事者」）が他方の当事者（「受領当事者」）に開示した秘密として指定された情報あるいは秘密にすべきと合理的に判断される情報について，知る必要がありかつ本契約と同様の秘密保持条件に基づいて書面により当該情報の秘密を保持する義務を負う。受領当事者の従業員あるいは外部委託先に対して開示する場合を除き，開示当事者の事前の書面による同意を得ない限り，第三者に開示当事者の秘密情報を開示しないものとする。ただし，下記のいずれかに該当する情報は秘密情報とはされない：(a)開示当事者が受領当事者に開示した時点で既に公知であった情報；(b)受領当事者の過失なく開示当事者が受領当事者に開示した後に公知の事実となった情報；(c)開示当事者が受領当事者に開示した時点で秘密保持義務を負うことなく受領当事者が所有していた情報；(d)開示当事者が受領当事者に開示した時点より後に秘密保持義務を負うことなく受領当事者に適法に開示された情報；又は(e)開示当事者が受領当事者に開示した情報によらずして受領当事者の従業員又は代理人によって開発された情報。

11．有効期間

1）本契約は効力発生日から個別契約書が有効な期間存続する。

2）前項にかかわらず，本契約は以下の場合に解除される。

⑴　支払いの停止があったとき，又は破産手続開始，民事再生手続開始，会社更生手続開始，特別清算開始の申立てを受けもしくは自ら申立てたとき

⑵　手形もしくは小切手等の決済ができなかったとき，又は手形交換所の取引停止処分を受けたとき

⑶　仮差押，差押，仮処分，強制執行若しくは競売の申立てまたは滞納の処分

を受けたとき

⑷　合併，解散又は事業の全部若しくは重要な一部の譲渡，廃止を決議したとき

⑸　本契約の重大な違反をしたとき

⑹　本契約に違反し，相当期間を定めとした催告後も是正されないとき

⑺　当事者又はその経営者が反社会的勢力に該当することが判明したとき

3）前項の場合，解除された相手方はただちに期限の利益を失い，未払いの支払債務の期限が到来する。

4）本契約が解除された場合，顧客は顧客データにアクセスすることができなくなる。ただし，本契約が終了する以前にプロバイダは，webにおいて示されるデータ移行ポリシーに従って顧客データを移行することができるが，ファイル形式には限定がある。

12．不可抗力

　両当事者とも，その当事者による合理的な制御を超えた事態に対する責任はないものとし，これには不可抗力の事態が含まれるが，その限りではないものとする。

13．準拠法，管轄裁判所

　本契約の準拠法は日本法とする。本契約から生じることのある紛争に関する第一審専属管轄裁判所は東京地方裁判所とする。

14．一般条項

1）完全合意―本契約は当事者間の完全合意を構成し，口頭か文面かに関わらず，この主題に関する事前のあらゆる交渉や合意に取って代わる。

2）修正―本契約の修正は両当事者による双方の署名（デジタルを含む）がない限り有効でないものとする。

3）譲渡禁止―両当事者は，他の当事者の同意を得ることなしに本契約を第三者に割り当てたり譲渡したり，何らかの義務を委任することはできない。

4）個別契約書優先―本契約と個別契約書に一貫性がない場合，個別契約書の条項が優先する。

　本契約成立の証として本契約書2通を作成し，デジタルサインの上その電子データーを保管する。

第3章

サブスクリプションサービスパートナー契約

ポイント

- パートナー契約には，転売（ディストリビューター）型とエージェント型の2種類ある。転売型は，パートナーが顧客に対する売主となるが，エージェント型は顧客に対する売主はプロバイダ（サービスプロバイダ）である。Agency Agreement（代理店契約書）といっても契約書タイトルからはどちらのタイプかわからないので契約条件で確認する。
- 従前のソフトウェア販売と異なり，サブスクリプション形態のソフトウェアクラウドサービスは，直接顧客に対するオンライン販売が多くなった。しかし，プロバイダから顧客への直接販売だけでなく，パートナー経由の販売も引き続き多く行われる。
- ソフトウェアやサービスを利用するためのライセンスキーが印刷されたギフトカードはコンビニなど販売店経由で販売される。この場合，サブスクリプション形態であってもプロバイダとパートナーとの間でギフトカードの物流が発生する。
- ソフトウェア，サービス提供形態，販売形態に合わせたパートナー契約書の構成が必要となる。

≪関連法とキーワード≫

消費者被害の防止およびその回復の促進を図るための特定商取引に関する法律
等の一部を改正する法律：令和3年6月9日に成立した特定商取引法改正法。通信販売における「詐欺的な定期購入商法」対策規定は令和4年6月1日から施行され，定期購入に加えサブスクリプション形態も含まれることになった。同法12条の6に，「通信販売の契約の申込みを受ける場合における表示を規律する規定」が追加して設けられ，これにより詐欺的な定期購入商法対

策や消費者利益の擁護増進規定の整備が行われた。

アクティベーションコード：ソフトウェアやサービスの購入者が使用権認証を行うために入力する文字列。製品パッケージの同封書面やコンビニで購入できるカード上に印刷されるもの。

帳合取引：事業者が卸売業者に対して，その販売先である小売業者を特定させ，小売業者が特定の卸売業者としか取引できないようにすること。これにより，当該商品の価格が維持されるおそれがある場合，不公正な取引方法に該当し，違法となる。

販売代理店届出制度：電気通信事業においては，利用者利益の保護を図るため，利用者に最も身近な窓口である販売代理店を対象として，業務を開始する前に事前の届出義務を課している。電気通信サービスの提供条件の説明を行う際の書面に，届出完了後に発行される届出番号を記載する義務がある。

1 サブスクリプションサービスパートナー契約の概要

本モデル契約は，サブスクリプションサービスの転売型パートナー契約書である。サブスクリプションサービスにおいて，アクティベーションコードなどが挿入されているボックスやカードが流通される形態もあるが，本モデル契約はこのような物の物流が一切ない前提である。プロバイダが販売するサブスクリプションサービスが電気通信事業者による電気通信事業とされた場合，プロバイダによる代理店を起用して当該代理店が電気通信事業者であるプロバイダから委託を受けて電気通信役務の提供に関する契約の締結の媒介等の業務を行おうとする場合，届出が必要となる。なお，電気通信事業者には代理店指導監督義務がある。

2 契約書チェックポイント

（1） 本サービスの定義（頭書）

本サービスには，記載されたサービス名に加えてその後継ビジネスアプリケーションサービスおよびプロバイダが書面により指定するサービスも含まれ

ている。特約店としては，どこまでが自身に権利があるのか，プロバイダが類似サービスやサービス名称を変更した場合などを検討しておく必要がある。

（2） 指名（第1条）

「特約店は，本サービスを自己の名と計算において顧客に販売する」という文言から転売型であり，エージェント型ではないことがわかる。

（3） 特約店プログラム（第2条）

プログラムはプロバイダ側の通知でいつでも内容を変更できる。サブスクリプションサービスパートナー契約自体は特定2社間における契約のため，特定の者からの不特定多数の者にあたる取引ではなく，交渉の余地があり，仮に標準契約が修正なしにそのまま用いられたとしても，定型約款とはならない。

（4） 個別売買契約（第3条1項）

特約店の顧客が本サービス購入に同意した場合，特約店とプロバイダが本サービスの個別売買契約を締結する。つまり，特約店は在庫を持たない。一方，顧客が本サービス購入に同意することを前提条件にしない場合は特約店が在庫を持つことになる。この場合，特約店の代金支払時期，各顧客の本サービス使用開始時期をどうするかなどの取り決めが必要になる。

（5） ディールレジストレーション（第3条2項，別紙1）

特約店が割引率の適用を受けるには特約店プログラムに規定されるディールレジストレーションを個別売買取引に先立ち登録しなければならない。ディールレジストレーションによって顧客への取引が独占的であることを保証するものでない。顧客は，内規により複数ベンダーから同時に見積りを取得し，最終調達先を決定しなければならない場合があることも考慮する。なお，ディールレジストレーションが競争回避の目的で使用されるとされ，流通業者に対する販売先制限になると独占禁止法違反になる可能性もある。取引先販売代理店を変更しようとするユーザーに対し，販売代理店変更理由の提出を求めることは，競争回避の目的で利用される可能性が高いため，販売代理店間の競争が阻害さ

れ，独占禁止法上問題となるおそれがあると公正取引委員会が回答している[1]。

（6） データセキュリティポリシー（定義. 第3条5項）

データセキュリティポリシーはプロバイダが別途定め，プロバイダのwebで公開される。なお，プロバイダは随時データセキュリティポリシーをアップデートし，webで公開できるものであり，変更にあたり事前通知の必要はない。

（7） 顧客による使用許諾条件確約（第4条2項）

サブスクリプション契約は，プロバイダと顧客の間に成立するため，特約店がどのような責任を負担するのか，どのような条件をプロバイダから顧客にパススルーするのかを取り決める必要がある。本契約では特約店は，顧客に対してプロバイダが提供する本サービスの使用許諾条件を示し，顧客による本サービスの使用について当該使用許諾条件に従うことを顧客に確約させることになっている。この条件は顧客がサブスクリプション使用許諾条件に従うことをあたかも保証しているとして特約店からは拒否される可能性がある。そこで他の規定方法として，以下が考えられる：①同意書テンプレートを本契約に添付して顧客がサブスクリプション使用許諾条件に従うことを確認した同意書を特約店に個別売買契約締結時に提出させ，特約店は顧客のサブスクリプション使用許諾を遵守する保証までは求めない，②顧客からサブスクリプション使用許諾条件に従うことを確約したことの証拠を直接プロバイダ側に提出させ，この確約書がプロバイダ側に届くまで個別売買契約は効力を発生しないという条件である。

（8） 本サービスの顧客への提供条件（第6条）

本契約においては，個別売買契約において記載された期間，本サービスを顧客に直接提供する。

---

1) https://www.jftc.go.jp/dk/soudanjirei/ryutsutorihiki/seigen/seigen4.html

（9）　秘密保持（第7条）

　秘密情報は，秘密として指定されたもの，または情報の性質から見て秘密であると合理的に理解されるべきもの，としているので開示当事者から受領当事者に開示されたすべての情報が秘密情報になるわけではない。

（10）　知的財産権侵害（第8条）

　本条では，知的財産権侵害を発見した場合，その防御についてプロバイダと特約店が協力して行うという条件である。一方，知的財産権侵害の防御するコントロール権をプロバイダ側に渡さないこと，勝手に和解などしないことを条件にしてプロバイダが責任を負担する，という取り決めも可能である。

（11）　責任制限（第11条）

　本契約に起因または関連するいずれかの当事者の責任総額として金1,000,000円に設定している。この金額自体を変更したり，前年度の取扱い高や過去1年間の取引高（初年度は責任額がないことになるので注意が必要である）や1年間のサブスクリプションフィーといった額に変更することが可能であるが，代理店との契約では低めの設定がみられる。一方，プロバイダと顧客との間の責任制限額は比較的高いといえる。

（12）　反社会的勢力の排除（第12条）

　反社会的勢力排除条項の一般的なものが含まれている。

（吉川達夫）

92 第2部 デジタル時代の国内契約

サブスクリプションサービスパートナー契約書

　　　　　　　（以下「プロバイダ」という）と　　　　　　　（以下「特約店」という）は，プロバイダが自社開発したクラウドサブスクリプション形態によるビジネスアプリケーションサービスであるサービス名，その後継ビジネスアプリケーションサービスおよびプロバイダが書面により指定するサービス（以下，総称して「本サービス」という）を特約店が非独占的に日本国内の顧客（以下「顧客」という）に販売することを許諾することに関して，2025年X月Y日（以下「契約締結日」という）付で以下の通りサブスクリプションサービスパートナー契約を締結する。

第1条（指名）

　プロバイダは，本契約有効期間中，特約店を日本（以下「テリトリー」という）における非独占的販売特約店として，本サービスをテリトリー内の顧客に非独占的に自己の名と計算において販売することを許諾する。特約店は，テリトリー外の顧客に本サービスを販売できないものとする。特約店は，本契約に基づく履行において，適用されるすべての法律，規制ならびに倫理及び誠実性に関する職業上の基準を遵守する。

第2条（定義）

　本契約において，以下の用語はそれぞれ下記の意味を有するものとする。

　「ノウハウ」とは，プロバイダが特約店に提供する本サービスに関する販売資料，サンプル，マーケティング情報，技術情報等とする。

　「特約店プログラム」とは，別紙1に添付されるプロバイダの販売特約店に適用されるプログラムであり，特約店が遵守すべき基準，リストプライス等が規定される。プロバイダは，随時30日前の通知により，特約店プログラムを更新することができるものとし，新しい特約店プログラムは特約店に電子ファイルで送付又はプロバイダwebで掲示できるものとする。

　「データセキュリティポリシー」とは，プロバイダwebで掲示されるセキュリティ対策を定めたものである。プロバイダは，随時データセキュリティポリシーを更新することができるものとし，新しいデータセキュリティポリシーはプロバイダwebで掲示できるものとする。

第3章　サブスクリプションサービスパートナー契約　93

第3条（基本契約性，個別売買契約）

1　プロバイダは，特約店の顧客が本サービス購入に同意した場合，特約店と本サービスの個別売買契約（以下「個別売買契約」という）を取引毎に締結する。個別売買契約においては，本契約に定めるものを除き，数量，バージョン，単価，使用開始日，使用終了日等を取り決める。本契約は，すべての個別売買契約に適用される。なお，個別売買契約において本契約の定めと異なる定めをした場合，個別売買契約の定めが優先する。

2　プロバイダの特約店に対する本サービスの価格は，特約店プログラムに規定する割引率（以下「割引率」という）を適用した価格に消費税を加えた額とする。割引率の適用を受けるには別紙1に規定されるディールレジストレーションを個別売買取引に先立ち登録しなければならない。本サービスの顧客による使用期間は3年間とし，以降1年毎の自動延長条件とし，期間満了の1ヶ月前までに書面通知によりいずれの当事者が解約可能とする。

3　プロバイダの本サービスに関するサービスレベルは別紙2の通りとする。プロバイダは，本契約有効期間中，特約店が本契約に基づく義務を履行することができるよう，テリトリーにおいて必要となる特許権等の知的財産権を維持する。

4　プロバイダは，本契約有効期間中，必要に応じて本サービスの内容を適宜アップデートすることができる。

5　プロバイダは，データセキュリティポリシーに基づくセキュリティ対策を維持する。

第4条（特約店の義務）

1　プロバイダは，個別売買契約に記載されたサブスクリプション期間中，本サービスを顧客に直接提供する。

2　特約店は，顧客に対してプロバイダが提供する本サービスのサブスクリプション使用許諾条件を示し，顧客による本サービスの使用について当該サブスクリプション使用許諾条件に従うことを顧客に確約させる。特約店は，使用許諾条件を変更してはならない。特約店は，プロバイダが顧客による本サービスを利用するために必要となる環境，技術要件等合理的に要請する事項について顧客に遵守させる。

3　特約店は，本サービスの販売にあたり，本サービスおよびプロバイダの品位およびイメージを損なってはならないものとし，本サービスの広告宣伝や販売促進を行い，販売に尽力する。特約店は，毎四半期毎，1ヶ月以内に特約店は，販売計画並びにプロバイダ指定項目について特約店プログラムに定めるレポートを提

出する。

4　特約店による本サービスの販売活動に起因して顧客を含む第三者からクレームを受けた場合，プロバイダに責めのある場合を除き全て特約店において解決し，プロバイダに損害を与えない。

第5条（支払条件）

　特約店からプロバイダに対する本サービスの支払条件は，個別売買契約締結後30日以内に現金支払とする。特約店からプロバイダに対する支払期限に万一遅延した場合，約定期間満了の翌日から支払いをする日までの日数に応じ，未支払金額に対して年14.6％の遅延損害金利率の利率を乗じて計算した金額を遅延利息として支払わなければならない。

第6条（本サービスの顧客への提供条件）

1　プロバイダは，個別売買契約の締結に記載されたサービス開始時期に本サービスを顧客に直接提供する。

2　特約店は，特約店が前条に定める支払期限までに支払いを行わなかった場合，顧客の本サービスへのアクセスは一時停止又は終了される場合があることを了解する。

第7条（秘密保持）

1　本契約において，「秘密情報」とは，情報を開示する当事者（「開示当事者」）から情報を受領する当事者（「受領当事者」）に開示された，開示の形式及び媒体を問わず，開示当事者のすべての情報のうち，秘密として指定されたもの，又は情報の性質から見て秘密であると合理的に理解されるべきものを意味し，以下のいずれかの情報を含むがこれに限るものではない：(a)本契約条件，(b)本サービス及びノウハウ，(c)事業情報，技術情報，製品設計情報，財務情報，価格情報(d)個人データ，又は(e)顧客情報。

2　情報は，以下のいずれかの場合に限り，秘密情報とはみなされない：(a)開示当事者が負うべき義務に違反することなく，一般に知られた場合，(b)開示当事者が負うべき義務に違反することなく，開示当事者による開示前に受領当事者が秘密保持又はその他の制限を受けることなく知っていた場合，(c)開示当事者に負う義務に違反することなく，かつ秘密情報を参照することなく，受領当事者が独自に開発した場合，又は(d)開示当事者に負う義務に違反することなく，かつ秘密保持その他の制限を受けることなく，受領当事者がその後第三者から受領した場合。

第3章　サブスクリプションサービスパートナー契約　95

3　本契約当事者は，秘密情報を秘密として保持するものとし，開示当事者の秘密
　情報を，受領当事者の取締役，役員，代理人，企業関連会社，従業員，及び下請
　業者とその従業員に対してのみ，本契約に基づく受領当事者の義務履行又は受領
　当事者の権利行使に必要な範囲でのみ開示する以外，第三者に開示，漏洩しては
　ならない。本契約の目的以外に秘密情報を利用（複写，複製，加工及び社外持出
　等を含む）してはならない。受領当事者は，本契約期間中及び契約期間終了後3
　年間（個人情報は無期限），開示当事者の秘密情報の秘密を保持する。
4　本契約が終了した場合，秘密情報が記載又は記録された書面，電磁記録媒体そ
　の他一切の媒体を相手方に返却する。但し，相手方の承諾を得たうえで，返却に
　代えて消去又は廃棄することができる。

第8条（知的財産権）

1　特約店は，プロバイダが本サービス及びノウハウに関するすべての権利を有す
　ることを確認する。
2　本契約当事者は，ノウハウに関するすべての権利を保持する。プロバイダによ
　る本サービス及びノウハウの提供は，本契約に明示的に規定される場合を除き，
　前述のいずれかに係る権利を譲渡するものと解釈されない。いずれの当事者も，
　他方の知的財産権に反する行為を行ったり，他方の知的財産権に反する不作為を
　許してはならない。本契約当事者は，相手方の知的財産権又はその他の所有権の
　侵害を知った場合，速やかに相手方に通知する。
3　特約店が本契約に基づく本サービスの販売にあたり，第三者より知的財産権侵
　害を理由として訴訟の提起あるいはクレームを受けた場合，あるいは第三者によ
　る本サービスに対する知的財産侵害を発見した場合，プロバイダに対して直ちに
　その旨を連絡し，訴訟又はクレームに対する防御あるいは第三者による侵害の排
　除について共同して行うものとする。

第9条（保証）

1　本契約当事者は，以下を表明し，保証する：(a)本契約に基づく義務を締結し，
　履行する法的権限を有すること，(b)本契約又は本契約に基づく義務の履行は，故
　意に他の契約又は義務に違反させるものではなく，知的財産権や所有権の侵害，
　又は関連する請求について，他方の当事者に責任を負わせるものではないこと。
2　本契約に明示的に規定されている場合を除き，両当事者は，本契約，本サービ
　スに関して，いかなる表明，保証，条件又は保証も行わないものとし，本契約当
　事者は，本契約により，すべての表明，保証，条件又は保証を放棄する。さらに，

本契約当事者は，法令を含む法律により明示又は黙示された，あらゆる性質及び種類の表明，保証，条件，及び保証を否認する。

第10条（補償）

本契約当事者が，本契約の履行に関連してその過失により相手方に発生した損失，損害，又は費用（合理的な弁護士費用を含む）に対して，相手方を防御，補償し，免責する。この場合，相手方の費用負担で，当事者に合理的な支援を提供する。

第11条（責任制限）

いかなる場合も，本契約に起因又は関連するいずれかの当事者の責任総額は，金1,000,000円を超えないものとする。なお，両当事者は，いかなる種類又は種類の間接的，懲罰的，特別，懲罰的，付随的，結果的又はその他の損害（データ，収益，利益，使用又はその他の経済的利益の損失を含む）について，かかる損害が予見可能であったとしても，責任を負わない。

第12条（反社会的勢力の排除）

1　本契約当事者は，自己，役員等（「役員等」とは，取締役，執行役のほか，業務執行社員，又はこれに準じる者，代表者，責任者その他経営に実質的に関与する者をいう）及び関係会社（本契約において，「関係会社」とは，会社計算規則に定める定義による）につき，現在及び将来にわたって，暴力団，暴力団員（暴力団員でなくなった日から5年を経過しない者を含む），暴力団準構成員，暴力団関係企業，総会屋その他これに準じるもの（以下，「反社会的勢力」という）に該当せず，以下の各号に定める関係を有しないことを表明し，保証する。
（1）反社会的勢力が経営を支配していることあるいは実質的に関与していること
（2）反社会的勢力を利用していること
（3）反社会的勢力に対し資金等を提供し，又は便宜を供与していること
（4）その他反社会的勢力と関係を有していること
2　本契約当事者は，自己，役員等及び関係会社が，将来にわたって，自ら又は第三者を利用して，以下の各号に定める行為を行わないことを表明し，保証する。
（1）暴力的な要求行為
（2）法的な責任を超えた不当な要求行為
（3）取引に関して，脅迫的な言動をし，又は暴力を用いる行為
（4）風説を流布し，偽計又は威力を用いて相手方の信用を毀損し，又は業務を妨害する行為

（5）その他前各号に準じる行為
3　本契約当事者は，随時相手方が本条第1項，第2項に記載の事項を確認するために実施する調査に合理的な範囲で協力し，その範囲内で相手方が要請した資料等を提出するものとする。
4　第1項から前項のいずれか1つにでも違反した場合，原契約が何らの催告なしに直ちに解除され，原契約の規定にかかわらず，かかる契約解除を理由として，一方の当事者は解除者に損害賠償請求その他名目の如何を問わず何らの請求もできないものとする。

第13条（有効期間）
1　本契約は，契約締結日から2029年12月31日まで有効とする。上記満了日の1ヶ月前までに相手方に通知しない限り，本契約は同条件で1年間毎延長されるものとし，以降も同様とする。
2　本契約が終了した場合であっても，第7条（秘密保持），第8条（知的財産権），第9条（保証），第10条（補償），第11条（責任制限），第14条（一般条項）の規定は，本契約の終了日からなお5年間効力を有する。

第14条（一般条項）
1　本契約当事者は，本契約に基づく権利を他に譲渡又は再許諾し，あるいは本契約に基づく義務を他に引き受けさせる等の行為をしてはならない。
2　本契約は日本法を準拠法とし，かつ，これに従い解釈される。
3　本契約に関する一切の訴訟は，東京地方裁判所を第一審の専属的合意管轄裁判所とする。

　本契約成立の証として本契約書2通を作成し，デジタルサインの上その電子データを保管する。

別紙1
特約店プログラム

1）リストプライス

本サービス名	プライス
プロダクトA	1,000ユニット未満　X1円（1ユニット，消費税別）
	1,000ユニット以上　X2円（1ユニット，消費税別）
本サービスB	1,000ユニット未満　Y1円（1ユニット，消費税別）
	1,000ユニット以上　Y2円（1ユニット，消費税別）

2）割引率

最低販売ユニット数—1,000未満	1,000以上
15%	20%

3）リベート
［省略］

4）ディールレジストレーション方法
　　甲が提供するリセラーサポートサイトに入力する方法による
　条件：⑴新規案件であること，⑵レジストレーションによって独占販売性を保証
　　　　させるものでないこと，⑶他のリセラーがレジストレーションする可能性
　　　　があり，最終的に顧客がリセラーを選択することを了解すること。

5）四半期報告事項
［省略］

別紙2
サービスレベル

［省略］

第4章

商品化契約

ポイント

・商品化権とは，著作権等の知的財産権で構成される資産を商品に使用して複製
する権利，と考えられ，商品化（許諾）契約は，この権利について定める契約
を指す。

・商品化契約の基礎となる権利は，著作権であることが多いが，商標権，肖像権
等，著作権以外の権利を基礎とした商品化も想定されるため，対象となる権利
の確認，特定が重要となる。

・一般に，商品化契約において，対象の権利を許諾する側はライセンサー，許諾
を受ける側はライセンシーと呼ばれるが，ライセンサーが意図しない形で商品
が製作され流通することを防止するよう，権利の許諾の範囲（商品の範囲，地
域，期間等）を明確に定めることが重要となる。

≪関連法とキーワード≫

著作権法・商標法：商品化契約の基礎となる権利は，著作権法に基づく著作権
であるケースが一般的である。ただし，商標法に基づく商標権が対象となる
こともありうる。なお，肖像権を基礎とした契約も考えられるところ，肖像
権は，プライバシー権の一種と考えられており，肖像権自体を定めた実定法
はない。

ライセンサー（Licensor）・ライセンシー（Licensee）：商品化契約の基礎とな
る権利の許諾者をライセンサー，許諾を受ける者をライセンシーといい，英
文契約では当事者の略称（本モデル契約を含む日本の契約での「甲」や
「乙」）としても一般的に用いられる。

最低使用料・最低保証料：商品化契約における対価の定めにおいて，販売数量
や金額に応じて定められる対価と，それにもかかわらず定められる対価の双

100 第2部 デジタル時代の国内契約

方が定められるケースが多い。最低使用料の規定を置くか（提示された契約
書案に定めがあるか）などは，留意すべき点である。

1 商品化契約の概要

本モデル契約は，商品化契約において一般的な著作権を基礎として許諾を行
う契約書である。一応の前提として，ライセンサーの立場を想定した条項とし
ており，ライセンシーの立場では（契約期間に自動更新がないなど）そのまま
使用することにはリスクがある点に留意されたい。また，商品化契約に特有の
ポイントとなる条項を重視し，他の契約に共通する一般的な条項については，
記載を割愛しているため，必要な条項を網羅しているわけではない点も留意さ
れたい。

2 契約書チェックポイント

（1） 利用許諾（第1条）

商品化に関する許諾の対象，条件等，本契約において，根幹をなす条項であ
る。条件の詳細については，末尾や別紙に記載するなど工夫することが望まし
い。条件の定め方はケース・バイ・ケースであるが，許諾を独占的とするか，
非独占的とするかについての明記は必要である。

（2） 許諾地域（第1条（許諾条件））

対象地域を定めておくことは重要であり，本モデル契約では，末尾許諾条件
に記載しているが，独立した条項を置くことも考えられる。仮に，海外への意
図しない形での流出を懸念する場合，「乙は，第三者を介して本商品が許諾地
域外で販売等されることを知り得た場合，当該第三者に対し本商品を販売して
はならない」といった条項を置くことも考えられる。

（3） 契約期間（第2条）

契約において許諾の期間を定めておくことは必須である。また，契約更新の

可否やその条件についても定めておくことが重要である。ライセンシーからの求めがあった場合，同一条件で更新される旨の条項を置くケースもあるが，ライセンサーの立場では，更新に合意を要する旨の定めが適当と考えられる。

（4） 対価（第3条）

商品化権許諾の対価は，対象商品の販売金額×○％という形で定めることが一般的だが，ライセンサーの立場では，本モデル契約のように最低保証料として固定額の支払を求める，最低販売金額を設定する（最低販売数量に達しない場合でも，同金額を前提とした支払を確保する等により，一定の対価を確保する条項を置くことがメリットとなる。いずれの立場からも，対価に疑義が生じないよう，金額や支払期限（遅延した場合の扱いを含む）を明確に定めておくことが重要となる。

（5） 品質管理（第5条）

ライセンサーが意図しない形で許諾の対象（キャラクター）が使用されないようにするため，ライセンサーの立場では，できるだけ詳細に定めておくべき条項である。

（6） 権利の帰属（第10条）

確認的な内容の条項ではあるが，本契約により権利譲渡がないことを明記しておくことは重要である。

（7） 残存条項（第15条）

守秘義務等，契約終了後も効力を残したい条項については，その期間も含めて明記しておくことが必要となる。

（原田　真）

商品化権許諾契約書

　　　　　　　　（以下「甲」という。）と　　　　　　　　（以下「乙」という。）は，甲が著作権を有する「○○○」（以下「本件著作物」という。）に含まれるキャラクターの商品化権の許諾に関して，次のとおり，契約（以下「本契約」という。）を締結する。

第1条（利用許諾）

1．甲は，乙に対し，本契約の期間中，別紙記載の甲のキャラクター及びその名称（以下「本件キャラクター」という。）を複製その他の方法によって使用して，末尾「許諾条件」（1）記載の商品（以下「本商品」という。）を製造及び販売する非独占的権利（以下「本商品化権」という。）を許諾する。
2．本商品化権に関する詳細は，末尾「許諾条件」（2）以下に記載のとおりとする。
3．甲は，本商品と直接競争関係にない商品について本件キャラクターを使用する商品化権を第三者に許諾する権利を留保する。
4．乙は，甲の事前の書面による承諾なく，本商品化権を第三者に譲渡し，もしくは再許諾し，又は第三者のために担保を設定してはならない。

第2条（契約期間）

　本契約の有効期間は，○年○月○日から○年○月○日までの1年間とする。

　ただし，契約期間満了の○か月前までに合意することにより，本契約を同一条件で，更に1年間更新することができる。

第3条（対価）

1．乙は，甲に対し，本商品化権許諾の対価として，末尾「許諾条件」に定める使用料を甲が指定する銀行口座宛に振り込む方法により支払う。振込手数料は乙の負担とする。
2．乙は，甲に対し，前項の対価の前提となる各月の販売金額を，翌月○日までに，甲の指定する方法より通知する。

第4条（帳簿の閲覧）

　乙は，甲の求めがあったときは，乙の営業時間内に限り，本商品に係る営業帳簿，伝票等の閲覧，謄写に応じるものとする。

第4章　商品化契約　103

第5条（品質管理）

　乙は，本件キャラクターのイメージを損なうような行為をしないように留意するとともに，次の各号の定めを遵守しなければならない。

　⑴　乙は，本商品及び本商品に係る宣伝広告物につき，可変可能な段階で，甲の監修を受け承認を得なければならず，未承認の商品等の販売等を行ってはならない。

　⑵　甲の監修の結果，本商品及び宣伝広告物が不承認となった場合，甲は，乙に対して，不承認の理由を通知するものとし，乙は修正後改めて甲の監修を受けるものとする。

　⑶　甲は，乙が監修，承認を求めた本商品及び宣伝広告物について，合理的な理由なく承認を拒絶し，又は保留してはならない。

　⑷　乙は，前各号に定める手続により承認を受けた場合，製造した本商品及び宣伝広告物の完成品の見本を，販売等の開始前に甲に提出するものとする。

第6条（著作権表示）

　乙は，本商品および本商品の販売促進資料に下記の著作権表示を，甲が指定する方法で明示する。

記

「ⓒ　○年／○」

以上

第7条（甲の保証）

1．甲は，乙に対し，本契約を締結することにつき，正当な権限を有していること，および本契約に基づき甲から乙に許諾される権利が，甲と第三者との契約に抵触するものではないこと，並びに本件キャラクターが第三者の権利を侵害するものではないことを保証する。

2．本件キャラクターに関して，第三者から権利侵害等の申立てがなされた場合，甲は自己の責任と費用負担において，かかる申立ての処理解決にあたるものとする。

第8条（乙の保証）

1．乙は，甲に対し，本商品及び本商品に係る宣伝広告物が，第三者の権利を侵害するものではないことを保証する。

2．本商品及び本商品に係る宣伝広告物に関して，第三者から権利侵害等の申立てがなされた場合，乙は自己の責任と費用負担において，当該申立ての処理解決に

あたるものとする。ただし，当該申立てが本件キャラクターに起因する場合，甲は前条に基づき，申立ての処理解決にあたるものとする。

第9条（第三者による権利侵害）

甲又は乙が，本商品に関して，甲又は乙が有する権利を侵害している第三者を発見した場合には，甲乙協力して係る侵害の排除にあたる。

第10条（権利の帰属）

本件キャラクターの著作権は，著作権法第27条及び第28条に定める権利を含め，甲に帰属する。

第11条（商標等）

1．乙は，甲の書面による同意を得ないで，本件キャラクター若しくは本商品について商標若しくは意匠登録の出願をし，又は，本件キャラクターを商標，サービス・マーク若しくはその他の標識若しくは表示として使用してはならない。
2．乙は，本件キャラクター又は本商品について商標又は意匠登録を受けようと欲するときは，甲と協議しなければならない。

第12条（秘密保持）

甲及び乙は，本契約の履行に伴い，知り得た相手方の技術上，又は営業上の秘密情報を善良なる管理者の注意をもって保管するものとし，正当な理由なく，相手方の書面による承諾を得ず第三者に開示，又は漏洩してはならない。ただし，以下の各号記載の情報はこの限りではない。
 (1) 知得の時点で，既に公知となっている情報
 (2) 知得後，自己の責めによらず公知となった情報
 (3) 知得前に，既に保有していた情報
 (4) 知得後，知得した情報によることなく，独自に開発した情報
 (5) 知得後，正当な権利を有する第三者からいかなる守秘義務も負うことなく，かつ適法に入手した情報
 (6) 法令の規定により，開示が義務づけられた情報

第13条（PL保険）

本商品に基づく事故により第三者の生命，身体，財産に対して発生させる損害を補填するため，乙は，本契約期間中及び契約終了後〇年間，本商品に関し製造物責

任保険等の必要かつ十分な保険を，乙の費用と責任において付保する。

第14条（反社会的勢力の排除）
（省略）

※一般的な内容の条項を置くことが想定される。

第15条（残存条項）
第７条，第８条，第12条の規定は本契約終了後も○年間有効に存続する。

（許諾条件）
（１）本商品　：○○○○
（２）許諾範囲：本商品の製造及び販売並びに本商品に関連する次の各号記載の宣
　　　伝広告物の製作及び公表
　　ア　カタログ
　　イ　ポスター
　　ウ　雑誌広告及び雑誌記事
　　エ　POP
（３）許諾期間：本契約の有効期間中
（４）許諾地域：日本国内
（５）対価：
　　ア　最低使用料：○万円（消費税別途）
　　イ　本商品を乙が販売した場合：販売金額×○％
（６）対価の支払期限：
　　前項ア：本契約発効後１か月以内（更新された場合も同じ）
　　前項イ：各月分につき，翌々月末限り

（別紙）

キャラクターの表示
（省略）

キャラクターの名称
（省略）

第5章

知財関係契約

ポイント

・知的財産権は，特許権，意匠権，商標権，著作権といった権利を総称する権利
であり，無体財産権とも呼ばれる。無体財産権の名のとおり，当該権利は所有
権等と異なって権利の対象が目に見えるものではない。特に，著作権は，特許
権等の権利と異なり，登録手続きを要しない権利であることから，当事者が真
に権利を有しているかなどが確認できない場合が多く存在する。そのため，知
的財産権に関する契約においては，リスク回避の観点から，当該権利について
契約締結権限を有すること等，表明保証条項を設ける。

・著作権については，①著作権（財産権）と②著作者人格権に大別され，それぞ
れは複数の権利の集合体であることから，著作権は支分権の束とも呼ばれる。

　　そして，著作権に関する契約の一つとして，制作物納入契約があるところ，
完成した制作物については，依頼者による制作物の利活用のため，完成した制
作物について権利の全部譲渡を受けることが多い。その際，著作権について特
掲条項（著作権法61条2項）を設けない場合，著作権の「全部」譲渡となら
ないことに注意する。

　　また，著作者人格権について，著作者人格権の不行使特約を検討する。なお，
権利については全部譲渡のほか，制作者との間で利用許諾契約を締結する場合
もある。

・昨今の生成AIの技術発展も手伝い，広告，映像制作等にあたり生成AIを利用
するケースも想定される。生成AIの使用については，既存作品と類似する物
が生成され既存作品に対する権利侵害の可能性が存在する。また，AI生成物
自体に著作権等が生じるかといった議論がある。AIそれ自体は便利なもので
あるが，上述のような議論もあるところ，リスク回避のためAI利用を制限す
ることも検討される。

108　第2部　デジタル時代の国内契約

≪関連法とキーワード≫

著作物に表現された思想又は感情の享受を目的としない利用（著作権法30条の４）：平成30年著作権法改正によって導入された権利制限規定。権利制限規定の整備にあたっては，多層的な対応を行うことが適当と考えられ，権利者の利益を通常害さないと評価できる類型（第1層），権利者に及びうる不利益が軽微な類型（第2層），公益的政策実現のため著作物の利用促進が期待される類型（第3層）に整理がなされた。本条は第1層および第2層に対応する行為を制定したものである。

　なお，生成AIにあたっては，同条のほか著作権法47条の5（電子計算機による情報処理及びその結果の提供に付随する軽微利用等）も検討対象となるが，本書では割愛した。

AI（電子知能：artificial intelligence）：一般的に「知的存在に関連している課題をデジタルコンピュータやコンピュータ制御のロボットが実行する能力」をいうが，本書においては，生成AI（文章，画像，音声，動画等さまざまなコンテンツを生成できるAI）をいう。

　ChatGPT等，各AIサービスには通常，利用規約が定められており，後述する著作権をはじめとした知的財産権の扱いなどについても規定されているところであり，利用態様によってはアカウント停止処分等も考えられる。そのため，各AIサービス利用にあたっては，当該利用規約を把握したうえで利用することも重要である。

1　知財関係契約の概要

　本モデル契約は，デザイン制作業務委託契約書である。本モデル契約書においては，制作にあたり生成AIの利用を禁じ，完成した成果物について依頼者が権利譲渡を受ける前提となっている。

　なお，このような制作業務委託は，フリーランスとの契約によることも想定されるが，フリーランス新法については「フリーランス業務委託契約」の章を参照されたい。

2 契約書チェックポイント

(1) 委託業務の内容・遂行（第1条）

　本条項は，委託業務の内容を特定するものである。委託業務が十分に特定されていない場合，双方の食い違いを原因としてトラブルになるおそれがある。そのため，仕様書を定める等の方法により，受託者が満たすべき要件を具体的に定めることも重要である。

　また，本件のようなデザイン制作など，受託者の個性が発揮される業務においては，ラフ案など仮の案を作成した後に本作業に移行するという段階を経ることでコミュニケーションを図り，双方の本業務に対する理解を深めることも重要である。

　そして，本契約においては，委託業務の遂行にあたりAIの使用を禁じるものとした。AI利用自体は後述するように，ただちに著作権侵害を生じさせるものではないが，権利侵害のリスクのみならずAI使用に対する忌避感からいわゆる炎上騒動になることもあり得る。本契約においては，AIを使用しないとの簡易な条項としているが，内容に応じ，制作時に動画を撮影・開示することを定める等も検討する。

【AIと著作権の関係】
　AIと著作権法との関係については，以下のとおり整理することができる。なお，本書においては，紙幅の関係から既存のAIサービスの利用・生成段階，AIによる生成物の権利関係に絞るものとし，開発段階の問題については，別書籍[1]を参照されたい。

110 第2部 デジタル時代の国内契約

1 AIサービスの利用・生成段階

AIサービスを利用する際，プロンプトやイラストを入力して生成物を作成することから，プロンプト自体やイラストが著作物であり，当該物をAIに入力することにより複製，公衆送信をしているといえないか（許諾等がない限り権利侵害とならないか）。

ア　プロンプトについては，単純なキーワードであって創作性のある表現といえない場合もあり，著作物といえず著作権が生じないものが多いと考えられる（具体例として「街中を歩く眼鏡をかけたサラリーマン」など）。

イ　仮に，入力する物が著作物に該当し，AIへのプロンプト・イラスト入力が複製等に該当するとしても，著作権法30条の4第2号に規定する「情報解析」に該当することが考えられる。

⇒「情報解析」に該当するとしても，利用者に「当該著作物に表現された思想又は感情を自ら享受し又は他人に享受させる」目的（以下「享受目的」）が認められる場合には，当該権利制限規定を利用することはできない（なお，著作権法30条（私的使用のための複製）など他の権利制限規定に該当すれば著作権侵害とならず使用可能である）。

2 生成物の利用：AIにより生成された物の利用

ア　既存の著作物の著作権を侵害しないか。

著作権侵害が認められるためには，①類似性，②依拠性が必要となる。

①　類似性については，単純に見た目が似ていることによって判断するのではなく，創作的表現が類似するかによって判断することになる。その際には，当該著作物の類似点を比較し，当該類似点が創作性を有する箇所であるかといった観点で検討をする（濾過テスト）[2]。

②　依拠性（他人の著作物に現実にアクセスし，これを参考にして別の著作物を作成すること[3]）については，作成者の内心の問題であるため，両著作物が実質的に類似していることやアクセス可能性といった間接事実を積み重ね，検討することとなる。ただし，AIの場合，作成者は他人の著作物を認識していないが，AIには学習されており類似する著作物が生成された場合にも

---

1)　『生成AIの法的リスクと対策』（福岡真之介，松下外著：日経BP出版），『AIと著作権』（上野達弘，奥邨弘司編著：勁草書房），『生成AIの論点』（喜連川優編著：青弓社）等

2)　裁判所が採用する侵害の判断手法については，濾過テストのほか二段階テスト（原告作品の著作物性の有無の後，被告作品に原告作品の創作的表現が複製等されているか判断する手法）がある。

3)　大阪地判平成21年3月26日（マンション読本事件）

依拠性を認めるべきかといった議論が存在する。これについて，作成者・AIの依拠の2段階に分けて検討するとの考えも提唱されている[4]。

イ 当該生成物が，著作物となり著作権を生じないか（生成物の第三者利用について，著作権に基づき差止め等を請求できるか）。

⇒著作物と認められるためには，当該生成物について「創作性」が認められる必要がある。「創作性」は，何らかの個性が表れていること，選択の幅などともいわれるが，AIの操作のみによっては創作性があるとはいえず，人間の手で何らかの加筆・編集等を行うことを要するとする見解が複数みられる[5]。

（2） 検収（第3条）

本契約を委託契約と考える場合には，デザインの提供をもって委託業務を終了するとも考えられる。しかし，納品にあたって委託の趣旨が十分に反映されているかといった観点から検査が行われることも重要であり，本契約書においては検収を定めている。ただし，検査に合格しない限り無制限の修正を求められるとすれば，受託者の負担は過度に増大することから，これを一定程度の回数に限定することも検討されるべきである。

（3） 本契約が中途で終了した場合の委託料の清算（第6条）

業務が途中で終了した場合について，民法上は委託者に責めに帰すべき事由があるか，請負又は事務の履行により得られる成果に対して報酬を支払うことを約した委任かによって，中途終了時の報酬請求の規律が大きく異なる。そのため，委任・請負契約いずれとなるかも重要な点ではあるが，受託者の個性を重視する委託業務の場合，当事者の信頼関係破綻等による契約の途中終了も想定されることから本条項を定めている。

---

4) 『生成AIの論点』（喜連川優編著：青弓社）第10章180頁
5) 米国著作権局は，Stephen Thaler（ターラー）氏による「楽園への新しい入口」という作品について「著作権を享受するために必要な人間（human）による著作行為が欠けている」として著作権登録を拒否した。そのほか，中国においては，テンセント社のDreamwriterというAIが生成した記事について著作物性を肯定し，当該記事を転載した事業者に損害賠償責任を認めた。

（4）知的財産権の帰属（第8条）

　委託業務に基づく成果物について，これを利活用する委託者に一切の権利を帰属させる例が多く存在する。一方，受託者に対しても，自身の実績として生成物を利用することが考えられる。そういった観点から，受託者にも一定の利用権限を付することも検討されるべきである。

　また，著作権（財産権）を委託者に帰属させるとしても，著作者人格権は著作者の人格に由来する権利であり，権利移転ができないとされる。そのため，実務上は著作者人格権の不行使特約を締結することが通常である。この点，人格権不行使特約について，受託者の権限を過度に制約することになるが，人格権不行使特約の有無のみに拘泥せず，氏名表示など事前の取り決めを行うことがより重要である[6]。

（5）　第三者が保有する権利の侵害（第9条）

　第三者の保有する権利を侵害，権利侵害したと主張がなされた場合の規定である。この場合，委託者が一時的に対応し，費用償還を行うといったことが考えられる。委託者としては，表明保証条項にのっとり費用全額を求めたいところであるが，受託者からの協力を得るなどといった観点から情報の共有を定め，そのうえで費用償還について協議するものとした。

（6）　委託者の契約解除権（第14条）

　制作委託契約は，民法上の請負契約・委任契約のいずれとなるかが不明確であるが，双方ともに解除権を認めている（請負契約は民法641条，委任契約は民法651条）。本契約においては，請負契約に準じて委任者からの解除権のみ定めるものとした。

（舟橋和宏）

---

6)　原作者の自死事件が発生したドラマ「セクシー田中さん」調査報告書においても，制作会社と脚本家とでクレジット表記（氏名表示権）のトラブルがあったことが記載されている。

第5章　知財関係契約　113

デザイン制作業務委託契約書

＿＿＿＿＿＿＿＿（以下「甲」という）と＿＿＿＿＿＿＿＿（以下「乙」という）は，次の
とおり甲が開発中の製品デザイン制作業務の委託に関して，以下のとおり契約（以
下「本契約」という）を締結する。

第1条（委託業務の内容・遂行）

1　甲は，乙に対し，○○○のデザイン制作（以下「本業務」という）を委託し，
　乙はこれを受託する。

2　本業務により制作されるデザイン（以下「本成果物」という）の仕様は，別途
　甲乙の協議により作成する仕様書に従うものとし，当該仕様書に定めのない事項
　は，関係法令，JIS規格，ISO規格等公に定められた規格に従うものとする。

3　乙は，前項に定める仕様書を受領した日から起算して14日以内に，デザインの
　ラフ案（合計3点）を甲に提出する。

4　甲はラフ案を受領した日から起算して7日以内に，同ラフ案から1点を選択し，
　選択したラフ案に対する修正等希望を乙に伝える。

5　甲は，第3項に定めるラフ案から選択できるものがないとき，同ラフ案を受領
　した日から起算して10日以内に，仕様書に適合しないなどの理由を付したうえで，
　乙に対し，相当な期間を定めて，ラフ案の再提出を求めることができる。

6　甲が，ラフ案を受領した日から起算して10日以内に何らの返答もしなかった場
　合，乙はラフ案のうち1つを選んで本成果物とする，または本業務を終了するこ
　とができる。

7　第5項に基づくラフ案の再提出については，第3項の規定を準用する。ただし，
　甲が再提出を求めることができる回数は2回までとし，再提出するラフ案の合計
　数は，第3項に定める点数を合算して5点までとし，同点数を超えるラフ案を甲
　が求めたときは，乙は追加費用を請求することができる。

8　本条に定めるラフ案の作成及び本成果物の納品にあたって，乙は甲に対し，い
　わゆる生成AIを利用しないことを表明し，これを保証する。

第2条（納期）

1　本業務の納期は令和○年○月○日とし，甲は乙に対し，納期までに本業務を終
　了し，本成果物を甲の指定した場所に納品する。

2　乙は納期までに本成果物を納品することができないおそれが生じたときは，た

だちにその旨を甲に通知する。その後の対応は，甲乙協議により定める。

3 乙が納期に本成果物を納品することができなかったとき，乙は甲に対し，甲の被った損害を賠償しなければならない。ただし，納入遅延が乙の責めに帰すべき事由によるものでないときは，この限りではない。

4 前項の損害は，甲に直接かつ現実に生じた損害（転売利益等得べかりし利益の喪失を含まない）に限るものとする。ただし，納品の遅延が乙の故意又は重大な過失によるものであるときは，この限りでない。

第3条（検収）

1 甲は，本成果物の納品後，遅滞なく甲乙協議の上定める検査基準により検査を行い，合格したもののみ受けるものとし，不合格となったものについては，速やかに乙に通知する。

2 乙は，不合格の通知を受けたとき，乙の負担でこれ引き取り，甲の指定する期限までに修正を行い，又は代品を納品する。

3 甲は本成果物を検査により不合格とする場合，乙に対して，本成果物の修正箇所及び修正箇所を具体的に示したうえで，修正希望を出すものとする。ただし，甲が修正を求められる時期は，本成果物の納品を受けた日から起算してから5日以内とし，修正を求められる回数は2回とし，同回数を超えて甲が修正を求めたとき，乙は修正を拒絶する又は追加費用を請求することができる。

4 前項に基づき，乙が修正を拒絶したとき，甲は本成果物の納品から最後の修正を受けた本成果物までの各本成果物から1つを選択しなければならず，同選択がなされた時点で，選択された本成果物を検査に合格したとみなす。

第4条（委託業務の変更・追加）

1 甲は，本業務の内容を変更又は追加する必要が生じたときは，乙に対し，その内容及び理由を記載した文書によって，本業務の内容の変更又は追加を申し入れることができる。

2 乙は前項の申し出が契約に定める委託料，納入期限その他の契約条件に影響を及ぼす場合は，甲に対し，文章によってそれらの変更の申し入れをすることができる。

3 前2項の変更等は，甲乙双方が記名捺印した書面によってのみ行うことができるものとする。

第5章　知財関係契約　115

第5条（委託料）

1　甲は，乙に対し，本業務の委託料として金○○円（消費税を含む）を支払う。

2　甲は，乙に対し，前項の委託料につき，第3条に定める検収完了日から起算して10日以内に，乙の指定する銀行口座に振り込む方法によりこれを支払う。なお，振込手数料は甲の負担とする。

第6条（本契約が中途で終了した場合の委託料の清算）

1　本契約が中途で終了した場合，委託料の支払いについては以下のとおりとする。

　(1)　甲が中途終了時の乙による本業務の成果によって利益を受けないとき
　　　甲は，乙に対して委託料の支払義務を負わず，乙は，甲に対して委託料が既払いのときはこれを返還する。

　(2)　甲が中途終了の乙による本業務の成果によって利益を受けるとき
　　　甲の受ける利益の割合に応じて精算するものとする。なお，甲の受ける利益の割合については，甲乙間で協議を行い，これを定める。

　(3)　既払委託料が甲の受ける利益の割合を超過するとき
　　　乙は，甲に対して，同超過分にかかる既払委託料を返還する。

　(4)　甲の受ける利益の割合が既払委託料を超過するとき
　　　乙は，甲に対して，同超過分にかかる未払委託料を支払う。

2　第1項の規定にかかわらず，本契約が甲の責めに帰すべき事由によって中途終了した場合には，甲は，乙に対して委託料全額の支払義務を負う。ただし，乙は，甲に対して本契約の中途終了によって債務を免れたことによる利益を返還するものとする。

3　第1項に基づき，甲又は乙が委託料を支払う又は返還するときは，前条第2項の規定を準用し，支払うべき金額が定まったときから起算して10日以内にこれを支払うものとする。

4　中途終了時の乙による本業務の成果（これを構成する文章，図画，写真等を含む。）並びに同成果にかかる特許を受ける権利，実用新案登録を受ける権利，意匠登録を受ける権利，著作権（著作権法第21条から第28条に定める権利を含む。）及びその他の一切の知的財産権は，乙が前2項の定めに基づき支払い義務を負う委託料全額の支払い時に，乙から甲に移転するものとする。

第7条（再委託）

1　乙は，本業務を第三者に再委託することができない。ただし，事前に甲の書面による承諾を得た場合はこの限りでない。

116　第2部　デジタル時代の国内契約

2　乙は前項ただし書に基づき再委託する場合には，再委託先との間で，再委託に
　係る業務を遂行させることについて，本契約に基づいて乙が甲に対して負担する
　のと同様の義務を，再委託先に負わせる契約を締結するものとする。

第8条　（知的財産権の帰属）

1　本成果物（これを構成する文章，図画，写真等を含む）について，特許を受け
　る権利，実用新案を受ける権利，意匠登録を受ける権利，著作権（著作権法第21
　条から第28条に規定する権利を含む）及びその他の一切の知的財産権は，第3条
　に定める検収の完了をもって，乙から甲に移転する。
2　前項の場合において，甲が本成果物にかかる特許出願，実用新案出願，意匠登
　録出願及び商標出願等をする場合，乙はこれに協力する。
3　乙は，甲による本成果物の利用等について本条に定めるほか，著作者人格権を
　行使しないものとする。
4　本成果物の公表にあたり，甲は，乙について以下のとおり表示する。なお，表
　示の大きさ，表示場所については甲の専権事項とする。

記

デザイン制作：乙

以上

5　本条に定める権利帰属の対価は第5条に定める委託料に含まれるものとし，別
　途権利帰属の対価を求めることはできない。
6　本成果物の制作過程で乙が制作した本成果物を構成しない中間成果物（同中間
　成果物を構成する文章，図画，写真等を含む）や，不採用となったデザイン（同
　デザインを構成し，本成果物を構成しない文章，図画，写真等を含む）の知的財
　産権は，乙に帰属する。
7　甲は，前項に定める中間成果物及び不採用デザインにつき，これが記載又は記
　録された媒体を，本業務の遂行に不要になった時点でただちに乙に返還，又は同
　媒体を廃棄し，若しくは同媒体に記録されたデータを抹消しなければならない。

第9条　（第三者の権利侵害）

1　乙は，本成果物及び本業務の遂行において，第三者の知的財産権を侵害しない
　ことを表明し，かつ保証する。
2　甲及び乙は，本成果物につき，第三者との間で知的財産権侵害の紛争が生じた

とき，直ちに相手方にこれを通知する。甲及び乙は，相手方から同通知を受けたときは，相互に協力して紛争解決に対応し，同紛争の対応方針及び対応に要する費用支出並びに負担について協議によりこれを定める。

3　甲又は乙が同紛争解決のために必要な費用を支出し，又は紛争により損害を受けたとき，甲及び乙は，第三者の権利侵害に対する帰責性の程度その他の事情を考慮し，費用及び損害の負担割合について協議によりこれを定める。

第10条（秘密保持）

1　甲及び乙は，本成果物及び本成果物制作の過程で創作したもの（ただし，本成果物の構成を含まない中間成果物及び不採用デザインを除く）について，本成果物が甲により公表されるまでの間，これを秘密情報とし，相手方の書面による事前の承諾を得ない限り，第三者に開示してはならない。

2　甲及び乙は，相手方より秘密情報である旨を明示された情報（書面，口頭等の方法を問わず，有形，無形等を問わない）を，当該秘密情報を開示した当事者（以下「開示者」という）の書面による事前の承諾を得ない限り，本契約遂行目的以外に使用し，又は第三者に開示してはならない。ただし，秘密情報が次の各号の一つに該当する場合はこの限りでない。

(1)　相手方から取得する前に，既に公知となっていた情報

(2)　相手方から取得した後に，自らの責めによらず公知となった情報

(3)　相手方から取得する前に，既に自らが保有していた情報

(4)　正当な権限を有する第三者から機密保持義務を負うことなく適法に取得した情報

3　第1項にかかわらず，秘密情報を受領した当事者（以下「受領者」という）は自己（再委託先を含む）の役員，従業員又は弁護士，公認会計士，若しくは税理士その他の法令上の守秘義務を負う専門家に対して秘密情報を開示することができる。この場合，受領者はこれらの者（法令上の守秘義務を負う者を除く）をして，本条に定める義務と同等の義務を遵守させ，これらの者が当該義務に反したとき当該義務違反は受領者の違反とみなして，受領者はその一切の責任を負う。

4　甲と乙は，秘密情報の漏洩が生じた場合には，直ちに相手方にその旨を通知した上で開示，相手方の指示に従い，合理的な範囲において，直ちに必要な調査，拡大防止措置，再発防止措置を講じる。

5　甲と乙は，本契約が終了した場合，相手方の指示に従い，速かに秘密情報が記載された有体物を返還又は廃棄する。

6　本条の規定は，本契約終了後3年間存続する。

118　第2部　デジタル時代の国内契約

第11条（反社会的勢力の排除）

1　甲又は乙は，相手方に対し，本契約締結日において暴力団，暴力団員，暴力団員でなくなった時から5年を経過しない者，暴力団準構成員，暴力団関連企業，総会屋等，社会運動等標ぼうゴロ又は特殊知能暴力集団等その他これらに準ずるもの（以下，総称して「暴力団員等」という）に該当しないこと及び次の各号のいずれにも該当しないことを表明し，かつ将来にわたって該当しないことを確約する。

　(1)　暴力団員等が経営を支配していると認められる関係を有すること。

　(2)　暴力団員等が経営に実質的に関与していると認められる関係を有すること。

　(3)　不当に暴力団員等を利用していると認められる関係を有すること。

　(4)　暴力団員等に対して資金等を提供し，又は便宜を供与するなどの関与をしていると認められる関係を有すること

　(5)　自己の役員又は経営に実質的に関与している者が暴力団員等と社会的に非難されるべき関係を有すること。

2　甲又は乙は，相手方に対し，自ら又は第三者をして，次の各号のいずれかに該当する行為を行わないことを確約する。

　(1)　暴力的な要求行為

　(2)　法的な責任を超えた不当な要求行為

　(3)　本業務に関して，脅迫的な言動をし，又は暴力を用いる行為

　(4)　風説を流布し，偽計を用いて又は威力を用いて相手方の信用を毀損し，又は相手方の業務を妨害する行為

　(5)　その他前各号に準ずる行為。

3　甲及び乙は，前2項に反する事項が判明した場合には，直ちに相手方に対して書面でこれを通知する。

4　甲及び乙は，相手方が前3項に違反した場合には，直ちに本契約の全部又は一部を解除し，かつ生じた損害の賠償を請求することができる。この場合，相手方は当該解除により自己に生じた損害の賠償を請求することができない。

第12条（権利義務の譲渡禁止）

　甲と乙は，相手方の書面による事前の承諾を得ない限り，本契約に基づく権利義務の全部又は一部を第三者に譲渡し，担保に供してはならない。

第13条（解除）

1　甲又は乙は，相手方が本契約の各条項に反する行為がある場合，10営業日以内

の期間を定めて，その是正を書面にて催告し，相手方がかかる期間内に違反を是正しない場合は，直ちに本契約の全部又は一部を解除することができる。

2　甲又は乙は，相手方が以下の各号のいずれかに該当した場合，相手方に対し何ら通知・催告を要することなく，直ちに本契約の全部又は一部を解除することができる。

(1)　監督官庁より営業の取消し，停止処分を受けたとき

(2)　支払停止もしくは支払不能の状態に陥ったとき，又は手形交換所から不渡り処分もしくは取引停止処分を受けたとき

(3)　第三者より差押え，仮差押え，仮処分，その他強制執行若しくは競売の申立て又は公租公課の滞納処分を受けたとき

(4)　破産手続開始，民事再生手続開始，会社更生手続開始の申立て等の事実が生じたとき

(5)　解散の決議をし，又は他の会社と合併したとき

(6)　災害，労働争議等その他により，その資産又は信用状態に重大な変化が生じ，本契約に基づく債務の履行が困難になるおそれがあると客観的に認められる相当の理由があるとき

(7)　その他前各号に準ずる事由があるとき

第14条（委託者の契約解除権）

1　甲は，何時でも本契約を解除することができる。

2　甲が，前項に基づいて本契約を解除したときは，乙に対し，解除によって生じた損害を賠償しなければならない。

第15条（損害賠償）

甲と乙は，本契約に違反し，相手方に損害を与えたときは，その損害を全て賠償する責任を負う。ただし，契約違反について責めに帰すべき事由がないときは，この限りではない。

第16条（不可抗力免責）

天変地異，戦争，暴動，内乱，法令の制定・改廃，公権力による命令・処分，争議行為，疾病のまん延・流行，その他の不可抗力による本契約上の債務の全部又は一部の履行遅滞又は履行不能について，乙は責任を負わない。

第17条（裁判管轄）

　本契約に関する一切の紛争は，東京地方裁判所を第一審の専属的合意管轄裁判所とする。

第18条（誠実協議）

　本契約に規定のない事項，契約解釈につき疑義が生じた場合，甲乙は誠実に協議し，解決にあたる。

　本契約の成立を証するため，本書の電磁的記録を作成し，甲乙合意の後電子署名を施し，各自その電磁的記録を保管する。

第6章

秘密保持契約

ポイント

- 情報を受け取る者が受領した情報の秘密を守ることを約束する契約である。
- ビジネスでは何らかの交渉を始める場合，交渉内容の検討に必要な情報を一方当事者，あるいは双方の当事者が，相手方に開示するのが普通である。ところで，情報を受領した者が情報を第三者に漏洩してしまうと，情報を開示した者はその情報に基づく収益機会やビジネス上の優位性を失いかねない。そこで情報を受領する者に，受領した情報を第三者に開示しないことを約束させるために秘密保持契約を締結する。
- 秘密保持契約を締結したにもかかわらず情報受領者が秘密情報を漏洩した場合，債務不履行となり損害賠償請求や差止請求などができることになる。しかし，収益機会を失ったことでどれほどの損害があったのかを算定するのは困難なことが多く，また差止請求をしてもいったん流出した秘密情報の秘密性が回復できるわけでもない。この点からは秘密保持契約が事後的に機能することを期待するのは難しいことが多い。
- 相手方が主体的に契約を遵守するか，すなわち，情報開示の相手方が信頼に値するかという契約締結の原点に立ち返って秘密保持契約を結ぶ必要がある。

≪関連法とキーワード≫

民法：秘密保持については，民法や商法に直接の規定はない。民法の観点からは「無名契約」として締結され，秘密漏洩が生じた際には債務不履行あるいは不法行為に関する一般原則で解決することになる。

不正競争防止法：守秘義務違反に対して民法上の救済を求めるには一般原則による必要があり実務的には限界がある。不正競争防止法は営業秘密に対する保護を法定することでこれを強化している。ところで，不正競争防止法上，

営業秘密というには秘密管理性，有用性，非公知性という3つの要件を満たさなければならない（2条6項）。守秘義務契約を結ぶことで秘密として管理していたとの主張（秘密管理措置）が行いやすくなる。

秘密保持契約：「守秘義務契約」とも呼ばれ，情報受領者が受領した情報の秘密を保持する旨が規定される。守秘義務条項は守秘義務契約の中心をなす条項となるが，目的外使用の禁止も併せて定められるのが一般である。

1 契約書チェックポイント

（1） 頭書部分（簡便な差し入れによる方法について）

情報の開示が一方の当事者のみから行われる場合，情報を受領する側が差し入れる形式で秘密保持契約が結ばれることがある。その際には，頭書を一方が相手方に差し入れる形とし（「〜御中」など），契約の条項で「情報開示者」とあるものをすべて「貴社」と「情報受領者」を「当社」と置き換える。

（2） 秘密情報（第1条）

秘密情報を定義する際，幅広く定義するのであれば，「○○に関して提供される，書面，口頭を問わない一切の情報」といった包括的な定義が用いられる。限定的に定義したいのであれば，「○○に関して」という部分を具体的な内容にする。書面であれば「秘密」といった表示をする，口頭であれば開示した情報をのちに書面に要約したうえで秘密情報の対象である旨通知する，といった手続きを要求することもある。重要な案件の場合，守秘義務契約を締結した事実や案件について交渉している事実も秘密情報の内容とされることがある。

（3） 秘密情報の例外（第2条）

何が秘密情報になるかは情報受領者の義務の範囲にかかわり重要である。①情報受領者がもともと保有していた情報，②公知である情報または公知となった情報，③守秘義務を負わない第三者から入手した情報は秘密情報の範囲から除外されるのが一般である。これらの他，情報受領者が独自に考え出した情報を秘密情報から除外すると定めることも多い。

第6章　秘密保持契約　123

（4）　守秘義務（第3条）

　守秘義務条項は守秘義務契約の中心をなす条項である。情報受領者が受領した情報の秘密を保持する旨が規定される。

（5）　開示対象者（第4条）

　情報受領者が法人の場合，その役員や従業員が情報を受け取ることになる。また親会社に稟議を行ったり，弁護士や会計士に案件に関する助言を求めたりすることもある。そこで情報受領者がこれらの関係者に守秘義務を課すとともに，これらの関係者について責任を負う旨規定することが多い。そのようにすることで情報受領者の関係者も守秘義務契約の対象とし，情報に接することができるようにする。

　また，強行法規や裁判所の命令などに応じて情報を開示する必要に迫られることがあるが，このように法令等により開示が要求される場合は守秘義務違反とならないとするのが一般的である。また，これらを定義で形式的に秘密情報の対象から除外し，守秘義務違反とならないようにすることもある。

（6）　目的外使用の禁止（第5条）

　たとえ情報受領者が秘密情報の秘密を保持したとしても，入手した情報を自らの収益機会の追求といった目的などに不正利用すると情報開示者の利益は保護されなくなる。そこで守秘義務契約において，守秘義務条項に加え情報受領者が案件の検討といった目的以外に秘密情報を使用してはならないことを規定するのが通例である。

（7）　秘密情報の正確性，完全性（第6条）

　情報開示者が秘密情報の正確性や完全性について責任を負わないことを確認的に明記することもある。情報を開示する側は，特に開示する情報の中に第三者から受領した情報や事実に関する内容など，自らが創出した情報でないものが含まれる場合にこの条項が必要かどうかを検討する必要がある。

（8） 秘密情報の返還および破棄（第7条）

　秘密保持契約では契約期間終了後に情報の返還を規定することが多い。また受領した情報がパソコンやサーバーに保存されていることが通常であるが，これらについては物理的に返還するという概念はなじまないので，「破棄しなければならない」といった文言を加えるのが一般的である。

（9） 本契約の有効期間（第9条）

　守秘義務契約の有効期間の定め方は秘密情報の受渡しの態様によってさまざまである。一回限りの情報の授受の場合，端的に一定の期間（例えば「○年」）で定めることとなる。ところが何年かにわたり継続的に情報が授受される場合，守秘義務契約自体の有効期間と開示された情報の秘密保持の期間を区別して考え，守秘義務契約の有効期間を定めながら（例えば3年），その間に受け渡された秘密情報については一定の期間（例えば1年）は守秘義務契約の内容に従い秘密を保持するといった内容とする（この例だと契約締結の時から最長4年間は守秘義務に服する可能性がある。）。

　情報を開示する側から守秘義務の期間を無期限とするよう要求されることがある。情報を受領する側としては，理論的には無期限の情報の管理体制を構築する必要が生じ，実務的ではない。情報を受領する側からは，例えば，案件を検討するのに必要なものに限定して情報を開示するように情報を開示する側に要請し，守秘義務の期間を合理的に限定するよう求めることも考えられる。

（宗像修一郎）

秘密保持契約書

株式会社○○○○と株式会社△△△△は，両社が協力して推進を計画している○○○○に関するビジネス案件（以下，「本案件」という）を検討するにあたり，一方の当事者（以下「情報開示者」という）が他方の当事者（以下「情報受領者」という）に開示した情報の取り扱いについて，20xx年 x 月 x 日（「契約締結日」という）付にて以下の通り秘密保持契約（以下「本契約」という）を締結する。

第1条（秘密情報）

本契約において「秘密情報」とは，いかなる形態であるか，あるいはいかなる手段（口頭，書面，磁気的若しくは電子的形態によるもの，又は電気通信もしくはコンピュータ処理によるものを含む）によって授受されるかを問わず，本案件に関して情報開示者が情報受領者に対して開示する一切の情報，資料等，及び本案件に関し両社が接触している事実をいうものとする。

第2条（秘密情報の例外）

前条にかかわらず，以下の各項のいずれかに該当する情報は，秘密情報に含まれないものとする。
1）情報開示者から開示された時点で既に情報受領者が自ら保有していた情報。
2）公知の情報，情報受領者の責めによらず公知となった情報。
3）守秘義務を負わない第三者から受領した情報。

第3条（守秘義務）

情報受領者は秘密情報について，これが開示された時より1年間，その機密を保ち第三者に漏洩しないよう管理し，情報開示者の書面による事前の承諾なしには第三者に開示，漏洩又は公開しないものとする。

第4条（開示対象者）

1　情報受領者は，前条の規定にかかわらず，本件取引の検討に関与する必要があり実際に関与する情報受領者の役員及び従業員（以下，「関係者」という）に対して，情報開示者の承諾を得ずに秘密情報を開示することができるものとする。なおこの場合，情報受領者は関係者に対して開示される情報は本契約による守秘義務の対象となっている旨を通知するとともに，関係者に本契約に基づく情報受領

者の負担する守秘義務と同様の守秘義務を課すものとする。

2　前項に加え，情報受領者は，適用法令，規則，裁判所の決定・命令，行政庁の命令・指示等に基づき要請された場合には，これに従い情報を開示することができるものとする。この場合，情報受領者は，適用法令等に鑑み可能な範囲で，情報開示者に対しかかる開示について遅滞なく連絡するものとする。

第5条（目的外使用の禁止）

情報受領者は，情報開示者の書面による事前の承諾を得た場合を除き，秘密情報については本案件の検討にのみ用い，他の目的のためには一切使用しないものとする。

第6条（秘密情報の正確性，完全性）

情報受領者は，秘密情報の正確性や完全性について情報開示者が明示黙示を問わず何ら保証するものではないこと及び，情報開示者，情報開示者の取締役及び従業員，情報開示者の関係会社及び情報開示者の関係会社の取締役及び従業員は情報受領者が当該秘密情報の使用により被ることのある一切の損害について責任は負わないものとする。

第7条（秘密情報の返還及び破棄）

情報受領者は，情報開示者の請求があったときは，秘密情報（原本のほか，その複写物及び複製物を含む）のうち文書，データベース及び物品に関して返還可能なものについてはその一切を直ちに情報開示者に返還し，その他の秘密情報（原本のほか，その複写物及び複製物を含む）については直ちに廃棄処分するものとする。

第8条（損害賠償）

情報受領者は，本契約に違反したときは，これにより情報開示者に生じた一切の損害について賠償の責任を負うとともに，秘密情報の保護に関し情報開示者の指示に従うものとする。

第9条（本契約の有効期間）

本契約の有効期間は，本契約の日付より3年間とする。なお，本契約に基づき開示された情報については，第3条の定める期間，本契約の各規定が存続し，適用されるものとする。

第10条（準拠法・裁判管轄）

　本契約について紛争が生じた場合には，日本法を準拠法とし，東京地方裁判所を専属管轄裁判所とするものとする。

第7章

労働契約

ポイント

・労働基準法では，労働契約締結の際に労働者に文書等で明示する事項を定めている（同法15条1項，同法施行規則5条1項）。また，労働基準法上の明示事項に加え，パート・有期法（短時間労働者及び有期雇用労働者の雇用管理の改善等に関する法律）は，短時間労働者や有期契約労働者に対して昇給・賞与・退職金の有無等を明示することを求めている（同法6条1項，同法施行規則2条1項）。

・労働基準法施行規則の改正により，すべての労働者を対象として「就業場所・業務の変更の範囲」が労働条件の明示事項として追加された。また，有期契約労働者には「更新上限の有無と内容」や「無期転換申込機会」「無期転換後の労働条件」も明示事項として追加された。

・労働基準法等は労働者に対する労働条件明示を雇用主に義務づけているが，労働契約書（合意書）の作成までは求めていない。実務では，労働者側が労働条件に同意していることを明確化するため，厚生労働省が公開している「モデル労働条件通知書」の下部に同意書欄を設け，その欄に労働者側が署名する方法をとることがある。

≪関連法とキーワード≫

労働条件明示：労働契約の締結・更新の際に，雇用主が労働者に対して，契約期間や労働時間，賃金等の労働条件を明示することをいう。労働基準法等では労働者に対する明示事項を定めており，労働者が希望した場合は書面交付の方法ではなく，電子メール等の方法による明示も可能である。

就業規則：事業場で勤務する労働者の労働条件や勤務上のルール等を定めた規則であり，労働基準法89条は，常時10人以上の労働者を使用する雇用主に就

業規則の作成義務と労働基準監督署への届出義務を規定している。就業規則の記載事項は法定されており，労働契約書では就業規則の条文を引用することもある。就業規則は労働基準法所定の手続きをとることで変更可能であるが，労働者側に不利益に変更する場合には有効性が争われることがある。就業規則の不利益変更の有効性に関する裁判所の判断枠組みは労働契約法9条，10条が規定している。

就業規則の最低基準効：就業規則を下回る労働条件を労使間で合意しても，当該合意の効力は否定され，その部分は就業規則で定めた基準（労働条件）によって規律されるという効力であり，労働契約法12条が定めている。

無期転換制度：労働契約法18条は，同一の雇用主との間で有期労働契約が5年を超えて更新されたときに，労働者側の申込みによって無期労働契約に転換されるルールを定めている。無期転換ルールには有期雇用特別措置法等による特例がある。同法18条に基づく無期転換申込権が発生する有期契約労働者に対しては「無期転換申込機会」と「無期転換申込後の労働条件」を明示することが必要である（労働基準法施行規則5条5項，6項）。

1　労働契約の概要

本モデル契約は，就業規則の条項を引用せず，法令で必要とされる労働条件をすべて条文化している。

もっとも，実務では，労働契約書ですべての条文を定めずに就業規則の該当条項を引用することも多い。この場合には，対象労働者に適用される就業規則の該当条文を正確に引用すべきことは当然であるが，就業規則と労働契約書の規定の整合性にも注意を要する。就業規則には最低基準効（労働契約法12条）があり，労働契約書で就業規則を下回る労働条件を規定しても無効となるからである。

第7章　労働契約　131

2　契約書チェックポイント

（1）　契約期間（第1条）

　契約更新の上限を設ける場合は明示が必要である（労働基準法施行規則5条1項1号の2）。雇止め基準（有期労働契約の締結，更新，雇止め等に関する基準）により，更新上限の新設や短縮を行う場合に理由説明が必要である（同基準1条）。

　規定例では更新上限を3年としているので労働契約法18条の無期転換制度に関する記載は設けていない。無期転換に関する規定例は以下のとおりである。

> 　第1項の契約期間中に，社員が会社に対して労働契約法18条所定の無期労働契約の締結の申込をすることにより，上記契約期間の末日の翌日から無期労働契約での雇用に転換することができる。この場合の本契約からの変更する労働条件は別紙^{（※）}のとおりする。
> ※①定年，②定年後再雇用の規定を設ける場合には別紙に記載する。
> 　契約更新時に労働日・労働時間等を変更していた場合には，無期転換後も定期的変更を行うことができる旨の規定も設けておく。

　なお，無期転換制度には特例が設けられており，特例対象者である有期雇用特別措置法の「継続雇用の高齢者」の場合の記載例は以下のとおりである。

> 有期雇用特別措置法の特例により，定年後に引き続いて雇用される期間は，労働契約法18条の無期転換権は発生しない。

（2）　就業場所（第2条），従事すべき業務（第3条）

　2024年4月から「就業場所・業務の変更の範囲」の明示がすべての労働者に対して必要になった。規定例では具体的な内容は別紙で記載することとしている（第2条2項，第3条2項参照）。具体的な記載方法は，厚生労働省のパン

132　第2部　デジタル時代の国内契約

フレット（「2024年4月からの労働条件明示のルール変更　備えは大丈夫ですか？」）の記載例を参照されたい。なお，テレワークを行うことが通常想定されている場合は，就業場所にテレワークを行う場所が含まれるように明示する。

（3）　労働時間（第4条），休日（第5条）

　シフト制で勤務する場合には，労働契約書で労働時間や休日を特定できない場合がある。この場合，以下のような規定を設けることになる。

> 第○条　会社は，社員が勤務する1ヶ月前までに，社員の労働日，始業時刻，終業時刻及び休憩時間が記載された勤務表を社員に交付する。社員は，この勤務表に従って勤務する。
> 2　会社は，業務上の都合がある場合には，勤務表に記載された労働日，始業時刻，終業時刻及び休憩時間を変更できるものとする。

（4）　休暇（第6条）

　第4項は，労働基準法で付与が義務づけられている年次有給休暇に加えて「特別休暇」を付与する場合の規定例である。第4項では別紙で定める方法としたが就業規則における特別休暇の規定を準用する方法でもよい。

（5）　給与（第8条）

　時間外・休日・深夜の割増賃金の条項を設ける場合の規定例は以下のとおりである。

> 　第7条の時間外・休日や深夜（22時から翌日5時まで）に勤務をした場合は，法令の定める方法で算定した割増賃金を支給する。

第7章 労働契約 133

賞与を支給する場合の規定例は以下のとおりである。

> 会社は，社員に対し，本条第1項の給与とは別に，20__年__月__日に賞与を支給する。但し，社員が賞与支給日に会社に在籍していない場合は，賞与は支給しない。なお，賞与の金額は，社員の成果及び会社の業績等を考慮して会社が決定する。

（6） 法令・就業規則との関係（第16条）

第16条第2項の括弧書きでは，就業規則の周知について規定している。就業規則は，労働基準法106条に基づき，同法施行規則52条の2で定める方法（掲示・備付け，交付等）で周知しなければならないとされている。労働基準法上の明示事項ではないが，厚生労働省の「モデル労働条件通知書」でも「就業規則を確認できる場所や方法」の欄が追加されている。

（7） 相談窓口（第17条）

パート・有期法では，短時間労働者および有期契約労働者からの苦情を含めた相談を受け付ける際の受付先（雇用管理の改善等に関する事項に係る相談窓口）を明示することを規定している。

（8） 末尾部分

電子署名にする場合には，書面による方法ではないことを労働者側が希望していることが必要になる（労働基準法施行規則5条4項）。この点の注意点は「第1部第6章」の「デジタル時代における労働契約の締結・変更の方法」を参照されたい。

（高仲幸雄）

労働契約書

株式会社＿＿＿＿＿＿（以下「会社」という）と＿＿＿＿＿＿（以下「社員」という）は，以下の条件で，労働契約（以下「本契約」という）を締結する。

（契約期間）

第1条　本契約の期間は，20＿＿年＿月＿日から20＿＿年＿月＿日までとする。

　2　前項の契約期間の満了により，本契約は終了する。但し，契約期間満了時の業務量，従事している業務の進捗状況，会社の経営状況，今後の業務及び経営の見通し，社員の業務遂行能力，勤務成績，態度，健康状態等の事情を考慮し，会社と社員の合意により労働契約を更新できるものとする。

　3　本契約を更新する場合でも，更新は通算契約期間3年を上限とする。また，契約更新時に会社が提案する労働条件は更新前とは異なることがある。

（就業場所）

第2条　社員の就業場所（雇い入れ直後）は，会社の本社とする。

　2　会社は，業務上の都合がある場合には，別紙で定める範囲で社員の就業場所を変更できるものとする。

（従事すべき業務内容）

第3条　社員が会社で従事する業務（雇い入れ直後）は，＿＿＿＿＿＿業務及びその関連業務とする。

　2　会社は，業務の都合がある場合には，別紙で定める範囲で業務の変更を命じることができるものとする。

（労働時間）

第4条　社員の始業・終業時刻及び休憩時間は，次の通りとする。

　　始業時刻：午前＿＿時　　終業時刻：午後＿＿時

　　休憩時間：正午〜午後1時（1時間）

　2　会社は，業務上の都合がある場合には，前項の始業時刻，終業時刻及び休憩時間の繰り上げ又は繰り下げることができるものとする。

　3　社員は，会社が指定した方法により，労働時間の記録及び会社への報告を行わなければならない。

第7章 労働契約　135

4　社員は，遅刻又は早退する場合は，予め会社に届け出て承認を受けなければ
ならない。但し，やむを得ない事由がある場合には，社員は，事後に速やかに
会社に届け出なければならない。

（休日）
第5条　社員の休日は次の通りとする。
　　（1）土曜日
　　（2）日曜日（法定休日）
　　（3）会社が指定した日
2　会社は，業務上の都合がある場合には，事前に社員に通告する方法により，
前項の休日を他の勤務日に振り替えることができる。
3　社員が欠勤する場合は，予め会社に届け出て承認を受けなければならない。
但し，やむを得ない事由がある場合には，事後に速やかに会社に届け出なけれ
ばならない。

（休暇）
第6条　社員は，第1条第1項の契約期間中に，＿＿＿日の年次有給休暇を取得するこ
とができる。但し，会社は，社員が指定した時季に有給休暇を与えることが事業
の正常な運営を妨げる場合には，他の時季に変更することができる。
2　会社は，前項の年次有給休暇が10日以上与えられる社員に対し，付与日から
1年以内に当該社員の有する年次有給休暇日数のうち5日をあらかじめ時季を
指定して取得させる。その際，会社は当該社員の意見を聴取し，その意見を尊
重するよう努めるものとする。なお，社員が既に年次有給休暇を取得した日数
分は上記5日から控除するものとする。
3　本条第1項の年次有給休暇は，翌年に限り，繰り越すことができるものとする。
4　会社は，年次有給休暇に加え，別紙で定める特別休暇を付与する。

（時間外・休日勤務）
第7条　会社は，業務の都合がある場合には，第4条で定められた労働時間を超え
て勤務すること及び第5条で定められた休日に勤務することを社員に命じること
ができるものとする。
2　社員は，正当な理由なく前項の命令を拒むことはできないものとする。

136　第2部　デジタル時代の国内契約

（給与）
第8条　社員の給与（月額給与）の種類は，次の通りとする。
　　（1）基本給　　　　　　　（　　　　　円）
　　（2）役職（リーダー）手当（　　　　　円）
　　（3）通勤手当
　2　第1項（1）の基本給は契約期間中の昇給は行わない。同項（2）は役職が
　　変更（解任含む）した場合は金額を変更する。
　3　第1項（3）の通勤手当は，会社が最も経済的かつ合理的と認めた交通手段
　　及び経路により算出した金額とする。
　4　賞与及び退職金は支給しない。

（支払方法）
第9条　第8条第1項の給与（月額給与）は，当月1日から起算し当月末日に締め
　　切って計算し，翌月＿＿＿日に支払う。但し，支払日が休日の場合は，その前日に
　　支払う。
　2　前項の給与は，原則として，社員が指定した金融機関の本人名義の口座に振
　　り込む方法で支払う。
　3　欠勤，遅刻，早退等で勤務しなかった期間は，給与から当該日数又は時間分
　　の給与を控除する。また，法令により，会社が給与から控除することが認めら
　　れているものについては，控除を行うことがある。

（退職）
第10条　社員が次の各号の一に該当するときは，会社を退職する。
　　（1）死亡したとき。
　　（2）社員が退職を申請し，会社が承認したとき。
　　（3）本契約の期間が満了し，契約が更新されなかったとき。
　2　社員が退職を申請するときは，退職希望日の14日前までに，会社に退職願を
　　提出するものとする。

（解雇）
第11条　会社は，次の各号の一に該当するときは社員を解雇する。
　（1）社員が第3条に記載された業務を遂行できないとき。
　（2）社員の勤務成績や勤務態度が著しく不良であるとき。
　（3）組織変更，事業縮小その他会社経営上やむを得ない事由のあるとき。

（4）社員が第13条に違反する行為を行ったとき。

（5）本契約を継続できないやむを得ない事由のあるとき。

（業務の引継ぎ・貸与金品等の返還）

第12条　社員は，退職又は解雇のときは，会社が指定する方法で会社の資料，機器，身分証明書等を返還しなければならない。

（社員の遵守事項）

第13条　社員は，以下の事項を遵守しなければならない。

（1）本契約に記載された事項に違反しないこと。

（2）会社の承認を受けず他社に雇用されないこと。

（3）会社が定めた諸規則や上司の命令に違反しないこと。

（4）会社内の情報（営業秘密や個人情報を含む）を漏らしたり，インターネット等に書込や投稿をしないこと。

（5）職務を利用して個人的利益をはかる行為をしないこと。

（6）会社に損害を与える行為をしないこと

（7）刑罰法規に違反する行為をしないこと。

（8）会社の体面や名誉を汚す行為をしないこと。

（9）他の従業員に精神的・肉体的な苦痛を与えたり，就業環境を害するような行為（ハラスメント）を行わないこと。

（10）会社に提出した誓約書に違反する行為をしないこと。

（懲戒処分）

第14条　社員が前条に違反する行為を行ったときは，会社は，以下の懲戒処分を行うことができる。

（1）譴　　責　　始末書をとり将来を戒める。

（2）減　　給　　1回について平均賃金の半日分以内，総額が当該月収入の1割以内で減給する。

（3）出勤停止　　出勤を停止し，その期間中の給与を支給しない。

（4）降　　職　　役職の引き下げ又は解任を行う。

（5）懲戒解雇　　予告期間を設けることなく即時解雇する。

2　会社は，業務上の必要がある場合や懲戒処分の検討のために必要がある場合には，社員が会社内に持ち込んだ所持品や社員が使用している会社のパソコンの検査（モニタリングを含む）等を行うことができるものとし，社員はこれを拒むこ

とができない。

3　会社は，社員に対し，懲戒処分が決定するまでの間，自宅待機を命じることができるものとする。

（損害賠償）

第15条　社員が故意又は過失により会社に損害を与えた場合，社員は会社に対して，当該損害の賠償を行う。

（法令・就業規則との関係）

第16条　本契約に定めのない事項は，法令及び社員に適用される就業規則の定めによる。

2　本契約の期間中に，就業規則が変更された場合には，本契約は変更された就業規則（イントラネットに掲載・事業場にも備置）に従うものとする。

（相談窓口）

第17条　会社が設ける社員からの相談窓口（雇用管理の改善等に関する事項に係る相談窓口）は以下のとおりとする。

部署名	
担当者職氏名	
連絡先	

上記内容について，本契約書を電磁的に作成し，双方にて署名（記名）捺印又はこれに変わる電磁的処理を行い，双方保管する。

また，上記手続きにあたって，乙が電磁的方法による本契約書（労働条件通知書を兼ねるものとする）の交付を希望したことを確認する。

会社：

（代表者）

社員：

（住所）

第8章

フリーランス業務委託契約

ポイント

・令和6年11月1日に施行されたフリーランス新法において，その適用対象となるフリーランス（法律上の定義としては特定受託事業者）に該当するか否かは，外部からは必ずしも明確とはいえず，多くの事業者は，同法が広範に適用されることを想定して対応にあたる必要がある。

・フリーランスへ発注する事業者に対し課される各種義務のうち，特に取引条件の明示義務については，適用範囲が非常に広い。そのため，当該義務の内容について十分に理解し，取引の開始時において適切に対応することが必要となる。

・日本所在の事業者が海外在住のフリーランスへ発注する場合や，日本在住のフリーランスが海外所在の事業者から発注を受ける場合であっても，その業務の一部が日本国内で行われていると評価されれば，その国籍等を問わず，フリーランス新法が適用されるものと考えられており，国外との取引においても広く適用される可能性がある点に留意が必要である。

≪関連法とキーワード≫

特定受託事業者に係る取引の適正化等に関する法律（フリーランス新法）：令和5年4月28日に成立し，令和6年11月1日から施行されている新しい法律。個人として業務委託を受けるフリーランスと，組織として業務委託を行う発注事業者との間で，交渉力や情報収集力などの格差が生じやすいことを背景として，取引上のトラブルが生じていたため，取引を適正化し，フリーランスが安定的に働くことのできる環境を整備することを目的として立法された。

特定受託事業者：いわゆるフリーランス側を想定して定義された用語。業務委託の相手方である事業者のうち，個人で従業員を使用しないもの，又は法人で代表者1名以外に役員などがおらず従業員を使用しないものが，これに該

当する（フリーランス新法第2条1項各号）。「従業員を使用」とは，週労働20時間以上かつ31日以上の期間雇用されることが見込まれる労働者の雇用，又は同水準の役務提供が見込まれる派遣労働者を受け入れる場合が想定されている（ただし，同居親族のみを使用している場合は除外される）。発注側の事業者にとって，取引の相手方が従業員を使用しているか否かは判別できない場合も多く，フリーランス的な働き方をしている者や，小規模な法人などと取引をする場合には，特定受託事業者に該当することを前提とした対応をとることが望ましい。

特定業務委託事業者：特定受託事業者に対し業務委託をする事業者のうち，個人で従業員を使用するもの，又は法人で2人以上の役員などがいるか従業員を使用するもの（フリーランス新法2条6項）。下請代金支払遅延等防止法（以下，「下請法」という）では適用対象外であった，委託者が自ら用いる役務（いわゆる自家利用役務）の委託も含まれる。さらに，下請法とは異なり資本金要件が課されていない。また，非営利団体であっても，事業をしている部分において，上述の要件を満たし，特定受託事業者に発注する場合には，これに該当することとなる。

取引条件の明示義務：特定業務委託事業者が特定受託事業者に対して業務委託を行った場合には，直ちに，給付内容その他の明示すべき事項を，書面又は電磁的方法により明示しなければならない（フリーランス新法第3条1項）。明示すべき事項の概要は以下のとおりである。

・業務委託事業者及び特定受託事業者の商号，氏名，名称等
・業務委託をした日
・給付又は提供される役務の内容
・受領又は役務提供を受ける日又はその期間
・給付の受領又は役務提供を受ける場所
・検査をする場合は検査完了日
・報酬の額（やむを得ない事情がある場合はその算定方法）及び支払期日
・手形交付，債権譲渡担保方式，デジタル払など異なる方法で報酬を支払う場合における必要事項
　業務委託開始の時点では内容が未定であるなど，正当な理由がある項目に

ついては，明示義務が免除されるが，その場合でも，未定であった内容が定まった時点で直ちに明示する必要がある。なお，明示の方法に関しては，下請法と異なり，あらかじめ相手方の同意を得なくとも電磁的方法による明示を選択することが可能である。取引開始のタイミングで契約書を準備できない場合には，まずは箇条書きでも構わないので明示義務の対象となる項目を，メール等で取引相手に通知しておく必要がある。

国際的適用範囲：日本所在の事業者が海外在住のフリーランスへ発注する場合であっても，日本在住のフリーランスが海外所在の事業者から発注を受ける場合であっても，立法者側は，委託業務の全部または一部が日本国内で行われていると判断されれば，その国籍等も問わず，フリーランス新法の適用対象となるものと解している。そのため，発注者あるいはフリーランスのいずれか一方が日本国内に所在する場合には，適用対象となるものと考えておくほうがよいように思われる。特に，日本所在の事業者が海外在住のフリーランスへ発注する場合には，支払期日に関する規制を踏まえ，海外送金に時間がかかることや，送金手数料が送金先の金融機関でも発生しうることを想定し，取引条件の明示義務や支払期日に関する規制に違反してしまうことのないように，手数料の負担者を明示したり，時間的な余裕のある支払方法を確保したりする必要がある。

1 フリーランス業務委託契約の概要

本モデル契約は，フリーランス新法の適用対象となるフリーランスに対し業務委託をする場合の業務委託契約書である。ここでは，準委任型で，月額報酬の形で一定期間にわたって同一の業務を実施することを想定したものとしているが，同法の適用対象となる取引には，さまざまな業務内容や支払い方法が想定され得るため，規制の内容をよく理解したうえで，実情に即して適宜調整していただきたい。

142　第2部　デジタル時代の国内契約

2　契約書チェックポイント

（1）　対価額（第5条1項および第7条3項）

　報酬額については，その具体的な金額を記載することが原則となる。ただし，やむを得ない事情がある場合には算定方法を明示することでもよく，例えば時間当たりの単価を示し，稼働時間により報酬総額が決まる場合には，その算定方法を明らかにしてあればよい。知的財産権の譲渡や許諾がある場合には，当該譲渡や許諾の対価を報酬に加えなければならないものとされており，個別の対価額はともかく，報酬全体に当該譲渡や許諾の対価が含まれている旨を明示する必要がある。

　なお，材料費や交通費，通信費など，業務遂行に要する費用等を委託者側が負担する場合は，これを明示する必要があるが，受託者側が負担する場合には法律上の明示義務はない。ただし，一方的な費用負担により報酬を減額した場合には，別途，禁止されている報酬減額と評価されるおそれもあり，注意が必要である。

（2）　支払期日（第5条2項）

　特定業務委託事業者は，特定受託事業者から給付や役務提供を受けた日から60日以内（かつできる限り短い期間）に報酬支払期日を設定しなければならない（フリーランス新法4条1項）。そして，同期日までに報酬を支払わなければならない（同条5項）。「○月○日まで」や「業務完了後○日以内」といった記載は，期限としては明確であるものの，具体的な支払期日が特定できず，不適切なものとされている点に注意が必要である。

　なお，再委託先として特定受託事業者へ業務を委託している場合には，元委託者（特定業務委託事業者にとって委託元にあたる事業者）からの報酬支払を受けないまま，委託先への支払いを先行せざるを得なくなるおそれが生ずるため，特定業務委託事業者が再委託として特定受託事業者へ業務委託しており，かつ，元委託者の名称や元委託者から支払を受ける期日などを明示している場合には，特定受託事業者からの給付の有無にかかわらず，元委託者から支払を

受ける期日から30日以内に特定受託事業者へ報酬を支払えばよい（同条3項）。そのため、再委託の場合には、契約書上で、元委託者からの支払期日を明示し、併せて、そこから30日以内で設定した特定受託事業者への支払期日も具体的に規定すればよいことになる。

（3） 遅延損害金（第6条）

前述のとおり、60日以内の支払いルールが存在するものの、下請法とは異なり、これを超過した場合の遅延損害金の利率が14.6％とされるなどの規制はなく、法定利率等でも構わない。

（4） 就業環境の整備（第11条）

6ヵ月以上継続する業務委託においては、委託者は、受託者である本人（法人の場合はその代表者）に対する各種ハラスメント（セクシャルハラスメント、マタニティハラスメント、パワーハラスメント）行為に係る相談対応や、必要な体制整備などの措置を講じなければならない（フリーランス新法14条1項）。

また、受託者が妊娠、出産、育児又は介護と両立しつつ業務に従事できるよう、受託者からの申出及び受託者の育児介護等の状況に応じて必要な配慮をしなければならない。ただし、どのような状況等であっても必ず配慮をしなければならないというわけではなく、契約の目的達成等との関係で対応が難しい場合には、その理由等を伝えることで断ることもできる。

なお、ここで対象となる6ヵ月以上継続する業務委託には、単体で6ヵ月以上の期間となる業務委託のほか、6ヵ月以上の契約期間となる基本契約を締結している場合における、同基本契約に基づく個別契約も含まれる。また、契約の更新（契約の当事者が同一であり、その内容にも一定程度の同一性を有することが必要となるものの、更新に際して1ヵ月未満の空白期間があっても構わない）により6ヵ月以上継続して行うこととなる業務委託も対象となる。

（5） 中途解約および解除の場合の予告（第13条、第14条）

6ヵ月以上継続する業務委託において、中途解約や解除する場合、あるいは契約の更新を拒絶する場合には、委託者は、受託者に対し30日前までにその旨

を予告しなければならず（フリーランス新法16条1項），受託者からその理由の開示を求められた場合には，第三者の利益を害するおそれがある場合などを除き，遅滞なくその理由を開示しなければならない（同条2項）。

　元委託者との契約の解除などにより直ちに解除せざるを得ない場合や，特定受託事業者の責めに帰すべき事由に基づき解除が必要となる場合など，やむを得ない事由により予告が困難な一定の場合には予告は不要となる。ただし，合意により予告義務を排除することはできない。そのため，特に無催告解除に関する規定を設ける場合には，その事由を，当該規制との関係で認められる範囲にとどめておく必要がある。

（川野智弘）

業務委託契約書

委託者である○○（以下「委託者」という。）と受託者である○○（以下「受託者」という。）は，次のとおり業務委託契約（以下「本契約」という。）を締結する。

第1条　業務委託の合意及びその範囲
委託者は，受託者に対して，以下の業務（以下「本業務」という。）を委託し，受託者はこれを受託する。
（1）○○
（2）○○
（3）前各号に付随し，又は関連して，委託者が受託者に委託する一切の業務

第2条　本業務の仕様
本業務の仕様の詳細は，別紙の委託業務仕様書に定めるものとする。

第3条　業務報告
1　受託者は，本業務の遂行中，委託者の求めに応じて，速やかに本業務の進捗状況について委託者に報告を行う。
2　受託者は，前項のほか，本業務の遂行に重大な影響を及ぼす事項を認識した場合には，ただちに委託者に報告を行う。

第4条　善管注意義務
受託者は，善良な管理者の注意をもって本業務を遂行する。

第5条　対価支払い
1　本業務の委託料は，1ヶ月あたり○円（消費税別途）とする。
2　委託者は，前項の委託料を，当該月の翌月○日付けにて，受託者の指定する銀行口座に振込送金する方法により支払う。なお，振込手数料は受託者の負担とする。

第6条　遅延損害金
委託者が委託料の支払いを怠った場合には，受託者に対し，支払期日の翌日から完済に至るまで，法定利率による遅延損害金を支払うものとする。

146 第2部 デジタル時代の国内契約

第7条 知的財産権の帰属

1 本業務の遂行過程で行われた発明，創作等によって発生した知的財産権（ノウハウを含む。）については，著作権法第27条及び第28条の権利を含め全て委託者に帰属させるものとする。なお，受託者は，委託者に権利を帰属させるために必要となる手続きを履行しなければならない。

2 受託者は，委託者に対して，本業務の遂行の過程で得られた著作物にかかる著作者人格権を行使しないことを約する。

3 委託者及び受託者は，前二項に定める知的財産権の帰属及び著作者人格権不行使の対価が委託料に含まれていることを相互に確認する。

第8条 知的財産権の侵害

1 受託者は，本業務の遂行過程において，第三者の有する特許権，意匠権，商標権，著作権その他一切の知的財産権を侵害していないことを保証する。

2 本業務について，第三者との間に知的財産権にかかる紛争が生じた場合，受託者は，その責任と負担においてその解決を図るものとし，委託者がこれに関して何らかの損害を被った場合には，当該損害（弁護士費用その他の紛争対応費用を含む。）を補償することとする。

第9条 再委託

受託者は，委託者の事前の書面による同意がある場合を除き，本業務の全部又は一部を第三者に再委託してはならない。

第10条 秘密保持義務

委託者及び受託者は，本業務の遂行その他本契約に関連して知った相手方の営業上又は技術上の機密を，本契約の履行以外の目的に使用してはならず，また第三者に開示，漏えい等してはならない。ただし，次の各号の情報については，この限りではない。

（1）開示時に公知であったもの

（2）開示時に既に有していたもの

（3）開示後に，自己の責めに帰しない事由により公知となるか，第三者から秘密保持義務を負わずに正当に入手したもの

（4）独自に開発したもの

第8章 フリーランス業務委託契約　147

第11条　体制整備

1　受託者は，委託者の役員又は従業員によりハラスメントを受けた場合には，○○○○に対してその旨を申し出ることができる。

2　委託者は，受託者より前項の申し出があった場合には，速やかにこれに対応する。

3　受託者は，妊娠，出産若しくは育児又は介護により本業務の遂行に支障を生ずるおそれが生じた場合には，本業務の委託者における担当者に対し，その旨及び希望する配慮の内容を申し出るものとする。

4　委託者は，受託者より前項の申し出があった場合には適宜対応する。ただし，受託者の希望する配慮の内容やその他の取り得る対応を十分に検討した結果，業務の性質等に照らして対応が困難である場合，本契約の目的が達成できなくなる場合その他やむを得ず必要な配慮を行うことができない場合には，委託者は受託者に対しその旨及び理由を伝え，受託者に対し本業務の遂行を求めることができる。

第12条　契約期間

本契約の有効期間は，○年○月○日から○年○月○日まで1年間とする。ただし，期間満了の3ヶ月前までに，委託者及び受託者のいずれからも契約を終了する旨の書面による申し出がなされない場合は，さらに1年間延長されるものとし，以後も同様とする。

第13条　中途解約

委託者は，本契約期間中であっても，1ヶ月以上の事前予告を書面で受託者に通知することにより，本契約を解除できる。

第14条　解除

1　委託者又は受託者に，次の各号のいずれかに該当する事由が生じた場合，相手方は，本契約をただちに催告なく解除することができる。

（1）関係官庁から営業許可の取消，停止等の処分を受けたとき

（2）支払停止又は支払不能の状態に陥ったとき，若しくは，手形，小切手の不渡りを発生させたとき

（3）仮差押，仮処分，強制執行，競売等の申立て又は公租公課の滞納処分を受けたとき

（4）破産，民事再生，会社更生の手続開始申立があったとき若しくは清算のとき

2　委託者又は受託者は，相手方が本契約に違反し，相当の期間をおいて催告したにもかかわらずこれを是正しないときは，本契約を解除することができる。

148　第2部　デジタル時代の国内契約

第15条　損害賠償責任

　本契約に関連して，本契約の当事者が，相手方に対し損害を与えた場合，当該当事者は，当該相手方に対し，一切の損害（直接損害，間接損害，逸失利益及び弁護士費用等紛争解決費用を含む。）を賠償しなければならない。

第16条　反社会的勢力等の排除

1　委託者及び受託者は，本契約締結時現在において，暴力団，暴力団員，暴力団準構成員，暴力団関係企業，総会屋，社会運動標ぼうゴロ・特殊知能暴力集団・暴力団員でなくなってから5年を経過していない者等，その他これらに準ずる者（以下，これらを「反社会的勢力等」という。）に該当しないこと，及び，次の各号の関係に該当しないことを表明し，かつ，将来にわたって該当しないことを確約する。
　（1）反社会的勢力等によって，その経営を支配される関係
　（2）反社会的勢力等が，その経営に実質的に関与している関係
　（3）自社若しくは第三者の不正の利益を図り，又は第三者に損害を加える等，反社会的勢力等を利用している関係
　（4）反社会的勢力等に対して資金等を提供し，又は便宜を供する等の関係
　（5）役員等の反社会的勢力等との社会的に非難されるべき関係
2　委託者及び受託者は，自ら，その役員等又は第三者を利用して次の各号のいずれの行為も行わないことを誓約する。
　（1）暴力的な要求行為
　（2）法的な責任を超えた不当な要求行為
　（3）取引に関して脅迫的な言動をし，又は暴力を用いる行為
　（4）風説を流布し，偽計若しくは威力を用いて相手方当事者の信用を毀損し，又は相手方当事者の業務を妨害する行為
　（5）その他前各号に準ずる行為
3　いずれかの当事者において，上記二項のいずれかに違反した場合，相手方当事者は，催告なしで本契約をただちに解除できるものとする。
4　本条の規定により本契約が解除された場合には，解除された当事者は，解除により生じる損害について，解除した当事者に対し一切の請求を行わない。

第17条　第三者に対する損害

1　本業務の履行に関して，第三者との間で紛争が生じた場合，委託者及び受託者は協力して解決に尽力するものとする。

2 　前項の規定にかかわらず，委託者が第三者から損害賠償請求を受けた場合で，当該賠償請求が本業務の履行に関して生じたものであった場合，受託者は，当該損害が委託者の責めに帰すべき事由によらない限り，委託者に生じた一切の損害（弁護士費用等の紛争対応費用も含むが，これに限らない。）を賠償するものとする。

第18条　個人情報保護

　委託者及び受託者は，本契約に関連して相手方から受領した個人情報（個人情報の保護に関する法律第2条第1項に定めるものをいう。）について，同法，関連法令及びガイドラインの規定を遵守し，これを取扱う。

第19条　協議

　本契約に関し，当事者間に紛争が生じた場合には，委託者及び受託者は誠実に協議し，その解決に努めるものとする。

第20条　準拠法及び裁判管轄

1 　本契約の準拠法は日本法とする。
2 　本契約に関連して生じる一切の紛争については，○○地方裁判所又は○○簡易裁判所を第一審の専属的合意管轄裁判所とする。

　本契約の成立を証するため本書2通を作成し，デジタルサインの上その電子データを保管する。

第9章

業務委託在宅勤務確認書

ポイント

・業務委託契約に基づく業務を受託業者の担当者が在宅勤務あるいは在宅ワークで行う場合，情報漏洩，セキュリティの観点から業務委託契約に関連して確認書を作成する。

≪関連法とキーワード≫

テレワークにおける適切な労務管理のためのガイドライン：厚生労働省が示す「情報通信技術を利用した事業場外勤務の適切な導入及び実施のためのガイドライン」。テレワーク実施時においても労働基準関係法令が適用されることを示す。（1）テレワークを行わせる場合，就業場所としてテレワークを行う場所を明示しなければならず，「就業の場所についての許可基準を示した上で，使用者が許可する場所」といった形で明示することも可能であるとする。（2）労働時間の適正な把握が必要で，中抜け時間については休憩時間としての扱い，始業時刻繰り上げ，終業時刻繰り下げ，年次有給休暇取得などの取り決めが必要である。通勤時間や出張中の移動時間中のテレワークは使用者の明示または黙示の指揮命令下で行われている場合，労働時間となる。

みなし労働時間制：テレワークにより，労働者が労働時間の全部または一部について事業所外で業務に従事した場合，使用者の具体的な指揮監督が及ばず労働時間を算定することが困難なときは，労働基準法第38条の2で規定する事業場外労働に関するみなし労働時間制が適用される。ただし，情報通信機器を通じた使用者の指示（黙示を含む）に即応する義務がない状態であること，随時使用者の具体的な指示に基づいて業務を行っていないことの条件がある。

家内労働法：家内労働者とは，自宅を作業場として，メーカーや問屋などの委託者から，部品や原材料の提供を受けて，一人または同居親族とともに，物品の製造や加工などを行い，その労働に対して工賃を受け取る者をいい，家内労働法により仕事内容，報酬等の委託条件を明記した家内労働手帳を委託，物品の受領または工賃支払のつど，家内労働者に交付しなければならない。外部記録媒体（USBメモリなど）の提供または受け渡しを受け，原稿を外部記録媒体に入力して納入する場合，家内労働法上の家内労働に該当する。

1　業務委託在宅勤務確認書の概要

　在宅勤務（テレワーク）は，企業に正規雇用されている従業員が在宅で業務を行うものであり，在宅ワークは，外部受託業者などが準委任や下請によって受注した業務を在宅等において業務を行う場合である。自社の社員について在宅勤務を行う場合，雇用契約や就業規則等でこのような勤務形態が認められている必要がある。

　一方，業務委託契約においては，セキュリティ上に懸念が生じるため，禁じるか，認める場合には別途高度なセキュリティ要件を担当者に求める。本章における確認書はこのような業務委託契約において受託業者の担当者が在宅勤務あるいは在宅ワークで行うことを発注業者が認める場合に使用できる。

2　契約書チェックポイント

　本確認書は，業務委託契約に関連して在宅勤務および取引先において本件業務を遂行するにあたり，受託業者が遵守すべき事項に関して差入る形式となっているが，両者が捺印（あるいはデジタルサイン）する契約書として作成することも可能である。

　受託業者は，本確認書において以下の項目についての確認を行っているが，このポイントで十分であるか，必要に応じて追加，削除を行う。例えば，セキュリティの観点からセキュリティ対策を実施したパソコンなどの情報通信機器を雇用先あるいは発注業者が供与することにより，過失によるデータ漏洩，

不正アクセスによる情報漏洩などの問題発生リスクの低減を図る，といったことである。なお，第三者再委託禁止などすでに原契約に規定のある条項については，再度規定する必要はない。なお，第3項において，受託者の従業員等は受託者等の社内規則を遵守するものであるが，発注業者の行動制限，安全管理，秘密保護，データセキュリティ諸規定を遵守させることは問題ない。損害賠償など本確認書には記載がない事項は原契約の取り決めが優先する。なお，12項により，万一本確認書と原契約の条項につき矛盾がある場合，本確認書の条項が優先する。これにより，本確認書が優先するため，責任制限付損害賠償規定が原契約にあり，確認書でも損害賠償条項を設けた場合，責任制限条項が働かなくならないように気をつける必要がある。

（第1項）　法令遵守
（第2項）　データセキュリティポリシー遵守
（第3項）　指揮命令権限の確認
（第4項）　行動制限，安全管理，秘密保護，データセキュリティ諸規定遵守
（第5項）　従業員氏名等連絡先通知
（第6項）　秘密保持
（第7項）　業務パソコン使用規定，USBメモリ，外付けHD接続規則
（第8項）　在宅勤務特約
（第9項）　原契約・確認書解除，損害賠償
（第10項）　クレーム処理
（第11項）　有効期限
（第12項）　確認書優先

（吉川達夫）

154 第2部 デジタル時代の国内契約

年　　月　　日

XYZ株式会社御中

確認書

住　　所

会社名

代表者

　弊社は，貴社との間でX年Y月Z日に締結した業務委託契約（以下「原契約」という）に基づき受託した業務（以下「本件業務」という）において，弊社及び弊社が貴社の承諾を得て本件業務を再委託する第三者（以下「再委託先」という）の従業員（社員及び派遣社員をいい，以下総称して「従業員等」という）が本件業務を実施するにあたり，貴社の承諾を得て在宅勤務及び貴社及び貴社の取引先において本件業務を遂行するにあたり，下記事項の遵守並びに従業員等に下記事項を周知することを確約するために本確認書を提出いたします。

記

1．本件業務の実施にあたり，適用される法令等を遵守して本件業務を遂行すること。

2．本件業務の実施にあたり，貴社のwebで示されたデータセキュリティポリシーを遵守すること。

3．本件業務を担当する従業員等が弊社又は再委託先の従業員であり，従業員等への指揮命令系統はその雇用主である弊社又は再委託先にあることを確認すること。

4．貴社及び貴社の取引先が設定した安全管理（セキュリティカード，IDバッジなどの施設管理，安全衛生確保規定を含む），秘密保護（個人情報取扱規定を含む），データセキュリティ諸規定（情報管理，適切なパソコン及びネットワーク利用規定を含む）を遵守させること。セキュリティカードや，ユーザID，パスワード等を第三者に譲渡又は貸与しないこと。本件業務のために必要な範囲を超えて従業員等を貴社及び貴社の取引先に入場，滞在させず，情報アクセスをしないよう確保し，従業員等が入場，滞在した際，本件業務遂行に必要な場所以外には立ち入らないよう指示すること。

5．貴社及び貴社の取引先に入場，滞在する従業員等の氏名並びに所属先を事前に従業員等からの承諾を得た上で書面（e-mailを含む）にて貴社に通知すること。

6．貴社に入場・滞在中又は在宅勤務中に知り得た貴社の秘密情報（以下「貴社秘密情報」という）について，本件業務以外に使用せず，善良なる管理者の注意義務を持って厳重に保管・管理し，本件業務のためにこれを知る必要のある者以外のいかなる第三者にも一切開示・漏洩させないこと。又，本件業務の終了時において，貴社秘密事項の取り扱いを原契約に従って処理すること。

7．本件業務の実施にあたり，USBメモリあるいは外付けHDDの接続をしないこと。従業員等が貴社及び貴社の取引先に入場，滞在した場合，USB，外付けHDD，個人用パソコンを持ち込まないこと。本件業務の実施にあたり，貴社及び貴社の取引先の業務パソコン（以下「業務パソコン」という）を利用する場合，情報管理を適切に行うこと。業務パソコン以外には貴社秘密事項を保持しないよう従業員等に指示すると共に，本件業務の遂行以外を除き，貴社秘密事項等の情報を外部に持ち出さないこと。貴社秘密事項等を外部に持ち出す場合，データの暗号化等のセキュリティ対策を実施すること。

8．従業員等が在宅勤務を行う場合，在宅勤務の服務規律の遵守を徹底するほか，適正なセキュリティ環境を確保するための合理的措置（会社から貸与されたPC及び情報通信機器を用いて業務を遂行すること，家族を含む第三者が閲覧・コピーしないように最大限の注意を払うこと，ディスプレイ表示をしたままの離席をしないことを含むが，この限りでない。）をとること。

9．本確認書の諸条件に違反した場合，貴社が原契約並びに本確認書を解除することができることを確認するとともに，原契約の規定に従い，その損害を貴社に賠償すること。この場合，弊社は直ちに従業員等の貴社及び貴社の取引先への入場・滞在を中止させ，又は在宅勤務を中止させる他，従業員等が貴社秘密事項を漏洩しないよう直ちに必要な措置を講じること。

10．従業員等が貴社内及び貴社の取引先において本件業務を遂行することに関連して従業員等が損害を被った場合及び従業員等からクレームがなされた場合，弊社は貴社と誠実に対応すること。

11．本確認書の有効期限は本確認書作成日から原契約終了時までとすること。

12．本確認書と原契約の条項につき万一矛盾がある場合，本確認書の条項が優先すること。

以　上

第3部

デジタル時代の国際契約

第1章

Distributorship Agreement/Sales Agency Agreement（販売代理店契約）

ポイント

・販売権を付与するに当たっては契約中に販売地域，取引先，競合商品の扱い，販売方法などについての一定の条件を設けることがあるが，これらの条件が対象国の独占禁止法上問題とならないかを確認する必要がある。
・販売店契約や代理店契約の解除に関して，販売店や代理店を保護する観点から，解除を制限したり，補償金の支払いを義務づける法律（代理店保護法）が国によっては存在するので留意が必要である。

≪関連法とキーワード≫

代理店保護法：中東や南米諸国などでは，販売店や代理店の権益を保護するために代理店保護法を設けている国が少なくない。具体的な規制内容としては，登録が必要となる，独占契約が基本となる，契約の有期・無期にかかわらず契約終了・更新拒絶事由が制限される，契約終了・更新拒絶の場合の損害賠償義務があるなど，国や地域によってさまざまである。海外市場に代理店や販売店を指定する場合，当該国において代理店保護法が存在しないかどうか，また存在する場合はどのような制限が課されているかに留意する必要がある。

ウィーン売買条約（CISG）：国境を越えて行われる物品の売買に関して契約や当事者の権利義務の基本的な原則を定めた国際条約であり，正式名称は「国際物品売買契約に関する国際連合条約（United Nations Convention on Contracts for the International Sale of Goods）」である。わが国も締約国となっている。当事者の所在する国がいずれも締約国である場合，または，一方が非締約国であっても，国際私法により締約国の法を適用するとされている場合には，本条約が適用されることになる。販売代理店契約自体にウィーン売買条約が適用されるわけではないが，販売代理店契約に基づいて行われ

160　第3部　デジタル時代の国際契約

る個別の売買契約についてはウィーン売買契約が適用される可能性がある。

1　販売代理店契約の概要

　ここでは，第2部の国内契約編でも取り上げた代理店契約，販売店契約を国際契約の視点から検討する。販売店契約と代理店契約の基本的な特徴や相違点については，第2部第1章の「販売代理店契約」で触れられたとおりである。さらに国際代理店契約については，代理店が供給者・顧客間での製品の売買契約の締結まで行うタイプのもの以外にも，アメリカのSales Representative（レップ）のように顧客をサプライヤーに紹介するまでを行うタイプのものも存在する。国外市場で販売店や代理店を指定する場合，さらに上記のポイントに示したとおり，当該市場国の独占禁止法や代理店保護法による規制にも留意する必要がある。代理店保護法による規制は，中東や南米諸国などに多いが，それ以外の国でも契約の解除などについて一定の要件が法律上設けられていることがあるので，独占禁止法や代理店保護法については現地法の調査をしっかりと行う必要がある。

2　契約書チェックポイント

　本モデル契約は，ハードウェア製品の売買取引を想定して締結した「販売店契約書」であり，電子署名で締結されることを想定している。なお，以下の解説については，第2部第1章の「販売代理店契約」の内容とも関連する部分が多く，そちらについても併せて参照していただきたい。

（1）　販売店の指定（第1条）

　販売製品，販売地域，独占・非独占の別などを明確にし，販売店の指定を行う。本モデル契約では，販売店に独占販売権を付与しているが，その旨の記載のみでは，供給者自身が同一製品を当該地域において販売することが許されているか否かが明確ではないので，併せて，供給者自身はこういった販売を行えないことを明記している（1.1条）。逆に供給者の販売を認める場合は，そのよ

第1章　Distributorship Agreement/Sales Agency Agreement（販売代理店契約）　161

うに明記することが必要となる。販売製品については，現行品のみならず後続品についても含めることとしている（1.3条）。また，独占販売とすることの見返りとして，販売店による競合製品の取り扱いを制限する規定を設けているが（1.4条），これについては該当国の独占禁止法上問題が生じないか確認する必要がある。さらに最低購入数量を設けており，本モデル契約では未達の場合は，供給者が契約を解除ができることとしているが（1.5条），それ以外にも独占から非独占への切り替え，一定の金銭的な支払いなどの対応も検討しうるところである。

（2）　広告，マーケティングおよびトレーニング（第2条）

2.1条では販売店の広告，販売促進，マーケティング等についての努力義務，2.2条では宣伝物の扱い，2.3条では在庫の維持，2.4条ではプリセールスおよびアフターセールサービスの維持，2.5条では供給者からの支援について規定している。本モデル契約では，宣伝物の費用は販売店持ちで販売店が作成するとのスタンスであるが，供給者が無償や有償で作成して販売店に提供するというスタンスもありうる。また，修理などのサービスについては，販売店が行うこととしており，それについて供給者から支援を受け得ることとしている。

（3）　価格，注文（第3条）

価格と製品の注文プロセスについて規定する。対象製品や価格については，別紙Aに記載することとしており，価格変更も供給者が適宜行える内容としているが，為替レートの変更に応じて価格を調整する旨規定する場合もある。

（4）　検査（第4条）

受入検査と製品の品質等に問題があった場合の対応を規定している。

（5）　支払（第5条）

受入検査を通過した製品についてのインボイスの発行，代金の支払期限，遅延利息について規定している。

162　第3部　デジタル時代の国際契約

（6）　知的財産権（第6条）

　製品についての知的財産権が供給者の財産である旨を明確にしたうえで，それらが第三者の知的財産権を侵害しないことを保証している。さらに，製品の販売に当たって，第三者が販売店に対して知的財産権の侵害であるとの主張をしてきた場合の対応について規定している。

（7）　秘密保持（第7条）

　本モデル契約では，販売店が供給者の秘密情報について秘密保持義務を負うことを簡潔に規定しているが，事案に合わせて，両当事者が相手方の秘密情報について秘密保持義務を負う，さらには秘密情報の例外を設けるなどの工夫が必要となろう。

（8）　（品質）保証（第8条）

　8.1条（1）で，明示の保証（Express Warranty），（2）で保証の除外事由，（3）で保証違反があった場合の救済手段を記載している。（3）については，販売店側で修理や交換を行った上，その費用を製品の代金の請求の際に調整することとしている。救済手段については，それが唯一の救済手段（exclusive remedies）である旨を明記しないと救済手段が他にもあり得ると解釈されてしまうおそれがあるので注意が必要である。8.2条では8.1条に記載がある保証以外には商品性の保証，特定目的への適合性の保証を含め，いかなる保証も負わない旨を規定している。米国統一商事法典（Uniform Commercial Code）では，商品性の保証（warranty of merchantability），特定目的への適合性の保証（warranty of fitness for particular purpose）を排除する場合は，目立った（conspicuous）表現で記載すべきこととなっており，さらに，商品性の保証の排除については「商品性」という名称を示す必要があるとされているので，本モデル契約のように商品性の保証，特定目的への適合性の保証の名称を示したうえで，すべてを大文字で書くことが一般化している。

（9）　損害賠償（第9条）

　原則として当事者は，特別損害，懲罰的損害，間接損害，付随的損害，派生

第1章　Distributorship Agreement/Sales Agency Agreement（販売代理店契約）　163

的損害の賠償を負わないとする制限をかけている。さらに，金額的な上限設定
をする場合もある。

（10）　製造物責任（第10条）

本モデル契約では，各当事者が製造物保険に加入することを義務づけている。
さらに踏み込んで，各当事者の責任についての規定を設けることも少なくない。

（11）　契約期間，解除（第11条）

11.1条で契約期間と更新，11.2条で解除，11.3条で解除後の対応について規
定している。11.3条では，解除によって販売店は速やかに販売行為を停止する
こととしているが，一定期間のセルオフ（sell・off）期間を設けることもある。

（12）　一般条項（第12条）

12.1条は通知条項，12.2条は譲渡とサブライセンス条項，12.3条は準拠法条項，
12.4条は紛争解決条項，12.5条は放棄条項，12.6条は副本条項，12.7条は表題と
見出し条項，12.8条は一部無効条項，12.9条は言語条項，12.10条は不可抗力条
項，12.11条は輸出管理条項，12.12条は完全合意，12.13条は修正条項である。

（飯田浩司）

Distributorship Agreement

THIS Distributorship Agreement ("Agreement") is made and entered into this [DATE] day of [MONTH], 20XX ("Effective Date"), by and between ABC, Co. Ltd., a Japanese Corporation, with its principal place of business located at [ADDRESS] (the "Supplier") and XYZ Inc., a [COUNTRY/JURISDICTION] corporation, with its principal place of business located at [ADDRESS] ("Distributor").

1. Appointment of Distributor

1.1 Distribution Right. Subject to the terms and conditions set forth in this Agreement, Supplier hereby appoints Distributor as its sole and exclusive distributor to distribute and sell the products as currently listed in Exhibit A ("Products") in [GEOGRAPHICAL AREA] ("Territory"), and Supplier shall not appoint additional distributors or other third parties to distribute or sell the Products in the Territory. Supplier shall not directly or indirectly distribute, sell or export the Products to any third party within the Territory through any other channel than Distributor.

1.2 Relationship. Distributor is an independent contractor, is not an agent or legal representative of Supplier, and is not authorized to assume or to create any obligation or responsibility on behalf of or in the name of Supplier. Nothing herein contained shall constitute a partnership between or joint venture by the parties hereto or constitute any party the agent of the others.

1.3 Scope of Products. The exclusive rights granted to Distributor pursuant to this Agreement apply to all current and future models of the Products.

1.4 Competitive Products. Distributor shall not distribute or sell any products in the Territory which may be competitive with the Products during the term of this Agreement. Provided, however, any product currently distributed or sold by Distributor is expressly excluded from this restraint.

1.5 Minimum Purchase. Distributor shall purchase the Products from Supplier in the quantity not less than [NUMBER] units for any contract year during the term of this Agreement. In the event that Distributor fails to purchase any minimum purchase quantity for any contract year, Supplier may terminate this Agreement

第 1 章　Distributorship Agreement/Sales Agency Agreement（販売代理店契約）　165

according to Section 11.2.

2．ADVERTISEMENT, STORAGE, MARKETING AND TRAINING

2.1 Best Efforts. Distributor shall use its best efforts to advertise, promote, market and sell the Products.

2.2 Advertising Material. Distributor shall bear all expenses for advertising the Products in the Territory. All of Distributor's advertising material relating to the Products shall be approved by Supplier in advance of the public dissemination thereof.

2.3 Storage. Distributor will be responsible for maintaining its own storage of the Products at its own cost.

2.4 Pre-Sales and After-Sales Service. Distributor shall employ trained sales and technical staff, and provide its customers with a sufficient pre-sales and after-sales services for the Products.

2.5 Assistance by Supplier. Distributor may request Supplier to send one or more of Supplier's employees to the office or facility of Distributor in [LOCATION], to render sales and technical assistance and training to personnel of Distributor, at such time and for such period as may be agreed between Supplier and Distributor, provided that Distributor shall reimburse Supplier the living and travelling expenses of Supplier's employee and any other expenses incurred by Supplier in connection with the assignment of the Supplier's employees.

3．PRICE AND ORDER

3.1 Pricing. (1) The prices for Products purchased by Distributor from the Supplier shall be as outlined in Exhibit A. The prices shall be in US Dollar and on the basis of FCA [LOCATION] (Incoterms 2020). Supplier shall be entitled to change the prices upon [NUMBER] days' prior written notice to Distributor. All prices are exclusive of any taxes, fees, duties, or other charges. Any taxes, fees, duties or other charges related to the Products purchased pursuant to this Agreement are the responsibility of the Distributor unless otherwise provided in this Agreement.

(2) Supplier will invoice Distributor on a monthly basis for all Products purchased during the preceding month, and the amounts due under such invoice shall be payable within [NUMBER] after Distributor's receipt of such invoice.

3.2 Order and Acceptance. Distributor shall order the Products by a written purchase order (executed by an electronic signature platform, and the signature record shall be electromagnetic in lieu of a hard copy) to Supplier. A purchase order shall not be binding on Supplier until Supplier has sent a written purchase order confirmation (executed by an electronic signature platform, and the signature record shall be electromagnetic in lieu of a hard copy) to Distributor. Supplier shall confirm or reject a purchase order within [NUMBER] days of receipt. Supplier, however, shall not unreasonably reject any order of Distributor.

4．INSPECTION (1) Upon delivery of the Products, Distributor shall immediately inspect the Products delivered, and shall only accept the Products which have passed the inspection ("Accepted Products"). If Distributor fails to inspect the Products within [NUMBER] days after the delivery, the Products delivered shall be deemed to be accepted.

(2) If any Products do not conform to the terms of the contract with respect to the kind, quality or quantity, Distributor shall notify Supplier such non-conformity within [NUMBER] days, and Supplier either replace such non-conforming Products or refund the portion of the purchase price of the non-conforming Products.

5．PAYMENT (1) Supplier will invoice Distributor on a monthly basis for all Accepted Products' price accrued during the preceding month, and the amounts due under such invoice shall be paid within [NUMBER] days after Distributor's receipt of such invoice.

(2) If Distributor fails to make any payment when due, Supplier may apply interest on the overdue amount at an interest rate of [NUMBER] % per month.

6．INTELLECTUAL PROPERTY

6.1 Proprietary Rights. Distributor acknowledges that all patents, designs, trademarks, and other intellectual properties used or embodied in or in connection with the Products are and will remain exclusively the property of Supplier. During the term of this Agreement, Distributor may indicate that it is an authorized distributor of Supplier and may use the trademarks, logos, and symbols of Supplier applicable to the Products in connection with Distributor's advertising, promotion,

第 1 章　Distributorship Agreement/Sales Agency Agreement（販売代理店契約）　167

distribution and sale of the Products in the Territory in accordance with the terms of this Agreement.

6.2 Warranty against Infringement. Supplier warrants that the Products do not infringe any patents or trademarks in the Territory.

6.3 Indemnification. Supplier shall indemnify, defend and hold Distributor harmless from and against any claim or suit that any Products infringe any patent or trademark in the Territory, provided that:

(i) Distributor gives prompt written notice to Supplier of any such claim or suit, or threats thereof; and

(ii) Supplier has full opportunity to defend or settle such claim or suit at its sole costs.

7. CONFIDENTIALITY

7.01 Confidentiality. Distributor shall maintain as confidential, and not disclose to any parties, any confidential or proprietary information of Supplier, including but not limited to any drawings, design and manufacturing information, or other proprietary information related to the Products delivered to Distributor hereunder.

8. WARRANTY

8.1 Product Warranty. (1) Supplier warrants that Products sold hereunder shall conform to the specifications set forth in Exhibit B and shall be free from defects in material and workmanship for a period of [NUMBER] months from the date of delivery.

(2) Notwithstanding the forgoing, Supplier shall not be responsible for such non-conformity or defects that arises from:

i) willful damage to or misuse of the Products by Distributor, its employees, or customers;

ii) proven negligence or misconduct on the part of Distributor, its employees or customers; or

iii) failure by Distributor, its employees or customers to comply with the written instructions of Supplier.

(3) If any Products, either in part or in whole, do not conform to the foregoing warranty or is allegedly defective during the warranty period, Distributor shall give written notice such non-conformity or defects to Supplier within [NUMBER]

168 第3部 デジタル時代の国際契約

days after Distributor discovers such non-conformity or defects, and Distributor shall repair or replace such non-conforming or defective Products. Supplier shall establish a credit in favor of Distributor against the purchase price otherwise payable by Distributor for the Products purchased hereunder in an amount equal to the cost of replacing or repairing such non-conforming or defective Product, provided that Supplier is satisfied that such Product is in fact non-conforming or defective. The above remedies are the exclusive remedies of Supplier for any claim that the Products fails to meet the warranty specified above.

8.2 Exclusive Warranty. THE EXPRESS WARRANTIES SET FORTH IN SECTION 8.1 CONSTITUTE THE ONLY WARRANTIES WITH RESPECT TO THE PRODUCTS. SUPPLIER MAKES NO OTHER REPRESENTATION OR WARRANTY OF ANY KIND, EXPRESS OR IMPLIED (EITHER IN FACT OR BY OPERATION OF LAW), WITH RESPECT TO THE PRODUCTS, WHETHER AS TO MERCHANTABILITY, FITNESS FOR PARTICULAR PURPOSE, OR ANY OTHER MATTER.

9. Damages. NEITHER PARTY SHALL BE LIABLE FOR SPECIAL, PUNITIVE, INDIRECT, INCIDENTAL OR CONSEQUENTIAL DAMAGES ARISING OUT OF THIS AGREEMENT OR THE EXERCISE OF ITS RIGHTS HEREUNDER, INCLUDING LOSS OF PROFITS ARISING FROM OR RELATING TO ANY BREACH OF THIS AGREEMENT, REGARDLESS OF THE THEORY OF LIABILITY (INCLUDING CONTRACT, TORT, NEGLIGENCE, STRICT LIABILITY OR OTHERWISE), EXCEPT AS A RESULT OF A PARTY'S WILLFUL MISCONDUCT, AND A BREACH OF THE CONFIDENTIALITY OBLIGATIONS IN SECTION 7.

10. Product Liability. Each party shall maintain a product liability insurance policy with a sum insured of not less than [AMOUNT] per occurrence and [AMOUNT] per insurance year for the term of this Agreement and for [NUMBER] years after termination or expiration of this Agreement.

11. TERM AND TERMINATION

11.1 Term. This Agreement shall continue in effect for a period of [NUMBER] years from its Effective Date, to be automatically renewed annually thereafter

第 1 章　Distributorship Agreement/Sales Agency Agreement（販売代理店契約）　169

unless and until terminated in accordance with Section 11.2.

11.2 Termination. Either party may terminate this Agreement immediately upon written notice if the other party:

(i) breaches any material term or condition of this Agreement and fails to cure such breach within [NUMBER] days after receipt of written notice of the same;

(ii) becomes the subject of a voluntary or involuntary bankruptcy, insolvency, reorganization, liquidation, dissolution, receivership, or similar proceeding, or otherwise ceases to do business; or

(iii) fails to comply with any applicable laws or regulations, which may harm the reputation or business of the other party.

11.3 Effect of Termination or Expiration. (1) All orders for the Products remaining unshipped shall be automatically cancelled.

(2) Any unsold stock of the Products held by Distributor shall be disposed of as mutually agreed by parties, or Supplier may, at its option, repurchase or arrange for the purchase by a third party or parties of any portion or all Distributor's stock of the Products at the total price paid by Distributor, including insurance, freight and duties.

(2) Distributor shall immediately cease all display, advertising and the use of any tradenames, trademarks, logos, and symbols associated with Supplier or the Products and shall immediately discontinue designating itself as an authorized distributor of Supplier.

(3) Distributor shall immediately return to Supplier all items of proprietary or confidential information delivered to Distributor hereunder.

(4) Neither the right to terminate nor the actual termination of this Agreement upon breach of any provision hereof shall limit the non-defaulting party from pursuing whatever relief it deems appropriate for such breach, in accordance with, and subject to any limitations contained herein.

(5) The provision of Section 5, 6, 7, 8, 9, 10 and 12 shall survive such termination or expiration.

12. GENERAL PROVISIONS

12.1 Notices. All notices, consents, approvals or other communications hereunder shall be in writing and shall be personally served, mailed by registered or certified mail, or delivered or sent by another electronic medium to the address of each party above or any other address designated by either party hereto in writing. Any notice shall be deemed given on the date of dispatch.

12.2 Assignments and Sublicenses. This Agreement and the rights, duties, and obligations arising out of this Agreement may not be assigned, sublicensed or delegated by any third party without the prior written consent of the other party. Any assignment, sublicense of rights, or delegation of duties or obligations hereunder made without the said consent shall be null and void.

12.3 Governing Law. This Agreement shall be governed and construed in accordance with the laws of the State of New York, without giving effect to the conflict of law principles thereof. The application of the United Nations Convention of Contracts for the International Sale of Goods is expressly excluded.

12.4 Resolution of Disputes. All disputes, controversies or differences arising out of or in connection with this Agreement shall be finally settled by arbitration in accordance with the Commercial Arbitration Rules of The Japan Commercial Arbitration Association. The place of the arbitration shall be Tokyo, Japan.

12.5 Waivers. No waiver or any breach of any agreement or provision herein contained shall be deemed a waiver with respect to a later breach thereof or of any other agreement or provision herein contained.

12.6 Counterparts. This Agreement may be executed in counterparts, each of which shall be deemed an original, but all of which taken together shall constitute one and the same instrument.

12.7 Titles and Headings. Titles and section headings contained in this Agreement are for convenience of reference purpose only and shall not affect the meaning or interpretation of any provisions of this Agreement.

12.8 Partial Invalidity. If any provision of this Agreement is found to be invalid by any court of competent jurisdiction, the invalidity of such provision shall not affect the validity of the remaining provisions hereof.

12.9 Language. This Agreement has been negotiated and written in English, and prevails over any translations in other languages.

12.10 Force Majeure. The parties hereto shall not be liable for any failure or delay to perform its obligations hereunder, other than payment obligations, due to unforeseen circumstances or causes beyond the party's reasonable control, including, without limitation, acts of God, war, riot, embargoes, acts of civil or

第1章　Distributorship Agreement/Sales Agency Agreement（販売代理店契約）　171

military authorities, acts of terrorism or sabotage, electronic viruses, worms or corrupting microcode, fire, flood, earthquake, accident, strikes, radiation, inability to secure transportation, failure of communications or electrical lines, facilities, fuel, energy, labor or materials. In an event of force majeure, either party's time for delivery or other performance will be extended for a period equal to the duration of the delay caused thereby.

12.11 Export Laws. Each party agrees to comply with the applicable export and trade laws of any country having jurisdiction over the Products or the parties.

12.12 Entire Agreement. This Agreement contains the entire agreement of the parties with respect to the matters covered herein, and supersedes and merges all prior and contemporaneous agreements and understandings, oral or written, between the parties hereto concerning the subject matter hereof.

12.13 Modification and Amendments. This Agreement may not be modified, changed or supplemented, except by written agreement signed by the duly authorized representatives of both parties.

IN WITNESS WHEREOF, the parties hereto execute this Agreement by an electronic signature platform, the signature record shall be electromagnetic in lieu of a hard copy.

参考文献：

LexisNexis(R) Forms FORM 80-A2-f9

大塚一郎『実務英語に強くなる―よくわかる英文契約書』（日本能率協会マネジメントセンター，2003）

大崎正瑠『［新版］英文契約書を読みこなす』（大修館書店，2011）

向　高男『英文販売店契約の常識とリスク』（同文舘出版，2003）

山田勝重『はじめての英文契約書』（中経出版，2009）

第2章

Non-Disclosure Agreement
（守秘義務契約）

ポイント

- ・Non-Disclosure Agreement（NDA）はConfidentiality Agreement（CA）とも呼ばれ，日本語では秘密保持契約，あるいは守秘義務契約などと呼ばれている（以下，「守秘義務契約」という）。
- ・当事者の一方がもう一方の当事者に何らかの情報を提供する際に，情報を受け取る当事者が受領した情報の秘密を守ることを約束する契約である。
- ・当事者が何らかの取引関係に入る交渉を始める場合，交渉内容の検討に必要な情報を一方の当事者，あるいは双方の当事者が，相手方に開示するのが普通である。ところで，情報受領者が情報を第三者に漏洩してしまうと，情報開示者は，その情報に基づく収益機会やビジネス上の優位性を失いかねない。そこで，情報受領者に，受領した情報を第三者に開示しないことを約束させるため守秘義務契約を締結する。
- ・守秘義務契約には，秘密を保持する条項の他，さまざまな条項が盛られるのが通例である。秘密情報の定義，目的外使用の禁止，関係者への開示，情報の返還，契約の有効期間などが一般的なものである。さらに必要に応じ，黙示の合意の不存在，第三者への接触禁止，情報の正確性に関する表明保証の不存在などが規定される。

≪関連法とキーワード≫

営業秘密：守秘義務契約自体は一般的な契約法や不法行為法によって規律されるが，営業に関する秘密はさまざまな観点から保護が図られる。ビジネスの局面において，これらの保護を意識することも必要となる。「経済産業省委託事業　営業秘密に関する欧米の法制度調査」（独立行政法人　日本貿易振興機構　ニューヨーク事務所，2022年3月）[1] が営業秘密の欧米における法的保護について詳しく検討している。

174　第3部　デジタル時代の国際契約

1　契約書チェックポイント

　ここでは，ABC株式会社がXYZ Corporationに対し，AXビジネス部門を売却する交渉を行うために情報を開示するという設定になっている。

（1）　守秘義務条項（第1条）
　守秘義務条項は守秘義務契約の中心をなす条項である。情報受領者が情報の秘密を保持する旨が規定される。同意があれば第三者に開示してよいことが定められることも多い。

　情報受領者が入手した情報を，自らの収益機会の追求といった目的などに不正利用すると，情報開示者の利益は保護されなくなる。そこで守秘義務条項に加えて，情報受領者が案件の検討といった目的外には秘密情報を使用しないことを要求するのが通例である（目的外使用の禁止）。

（2）　秘密情報（第2条）
　守秘義務契約では，守秘義務の対象となる秘密情報の範囲が定義される。幅広く定義するのであれば，「○○に関して提供された，書面，口頭を問わない一切の情報」といった包括的な定義が用いられる。また，守秘義務契約を締結した事実や案件について交渉している事実も秘密情報の内容とされることがある。

　限定的に定義したいのであれば，「○○に関して」という部分を具体的な内容にする。書面であれば「秘密」といった表示をする，口頭であれば口頭で開示した情報を後に書面に要約したうえで秘密情報の対象となる旨通知する，という手続を要求することもある。

　守秘義務契約の対象となる情報であっても，①情報受領者が情報の開示を受けた段階で既に保有していた情報，②公知である情報または公知となった情報，

---

1)　https://www.meti.go.jp/policy/economy/chizai/chiteki/pdf/outreach_r3_europeand-unitedstates.pdf

③守秘義務を負わない第三者から入手した情報，などは秘密情報から除外される。

　また，情報受領者が独自に考え出したノウハウなどは秘密情報から除外することが多い。情報開示者が開示を承認した情報を形式的に秘密情報から除外することもある。

　さらに，秘密情報であっても裁判所の命令や法の定めがある場合には開示してよいというように，情報受領者の義務の範囲を確認することもある。

（3）　黙示の合意の不存在（第3条，第10条）

　第3条で受け渡された秘密情報について権利の譲渡や利用について黙示の合意がないことを明確にしている。また，第10条では守秘義務契約が当事者間に何らの関係も作るものではないとされる。秘密情報に関する権利の利用や譲渡，あるいはパートナーシップの形成について「黙示の合意」がないことを確認する条項が入れられることがある。

（4）　関係者への開示（第4条）

　第4条において情報受領者が関係者に秘密を保持させることを定めている。情報受領者が法人の場合，具体的にはその役員や従業員が情報を受け取ることになる。

　親会社へ稟議を行ったり，弁護士や会計士に案件に関する助言を求めたりすることもある。そこで情報受領者の関係者も守秘義務契約の対象とし，情報を受領できるようにする。この際，情報受領者の関係者は，必要最小限の範囲に限る旨を定めることが多い。あわせて，これらの関係者にも守秘義務が課せられ，情報受領者が責任を負う旨規定する。

（5）　契約の有効期間（第5条）

　守秘義務契約の有効期間の規定方法は，情報の受渡しの態様により異なる。一回限りの受渡しであれば，「守秘義務契約の締結日から○年間」などといった内容になる。一方，継続的に情報を受け渡す場合は，受け渡す期間を定めたうえで，各々の情報について受領した日から一定期間は守秘義務を負うなどと

する。

　この例では，契約の有効期間について，開示された具体的な条項については，契約の終了後も一定期間，守秘義務の対象としている。

（6）　情報の返還（第6条）

　守秘義務契約では情報の返還について定めることが多い。受領した情報でパソコンやサーバーに保存されているものを念頭に，返還を求める以外に「破棄しなければならない」といった文言を入れるのが一般的である。

（宗像修一郎）

Non-Disclosure Agreement

THIS AGREEMENT is entered into as of ____, by and between

ABC Corporation, a corporation organized and existing under the laws of Japan and having its principal place of business at ____, Japan (hereinafter referred to as "Disclosing Party") and XYZ Corporation, a corporation organized and existing under the laws of the State of Delaware and having its registered office at ____, Delaware (hereinafter referred to as "Receiving Party").

WHEREAS, Disclosing Party desires to sell the certain business (hereinafter referred to as the "AX Business") conducted by Disclosing Party or through its division commonly known as the AX Division (hereinafter referred to as the "AX Division") and Disclosing Party represents that it owns all of the rights, title and interest in and to the assets used in the operation of the AX Business and all intellectual and industrial property rights, and any and all other rights of whatever nature necessary and/or related to the AX Business, including, without limitation, rights and licenses with respect to the manufacture, wholesale and retail sale, and distribution throughout certain territory in the world (hereinafter referred to as the "Territory") of certain products manufactured by AX Division (hereinafter referred to as the "Products"),

WHEREAS, Receiving Party desires to purchase from Disclosing Party and Disclosing Party desires to sell to Receiving Party certain of the assets of Disclosing Party relating to the AX Business, including, without limitation, certain of the equipment and machinery and certain of the inventory of the Products which may be required for Receiving Party to continue the AX Business, and intellectual and industrial property rights which together shall constitute all tangible and intangible rights necessary for Receiving Party to manufacture and distribute the Products in the Territory, and Receiving Party requires to be provided with certain information relating to the AX Business for the purpose of evaluating the AX Business,

178 第3部 デジタル時代の国際契約

WHEREAS, Disclosing Party agrees to provide Receiving Party and its Representatives with various proprietary information and other necessary information relating to the AX Business and AX Division, subject to the terms and conditions hereinafter provided,

NOW THEREFORE, in consideration of the mutual covenants and promises contained herein, and other good, adequate and sufficient consideration, receipt of which is hereby expressly acknowledged, both Disclosing Party and Receiving Party agree as follows :

1. Receiving Party and its Representatives shall keep strictly confidential and shall not, without Disclosing Party's prior written consent, disclose any information (hereinafter referred to as the "Confidential Information") received from Disclosing Party that is designated by Disclosing Party, either verbally or in writing, as being confidential or proprietary information or as representing trade secrets information of Disclosing Party, to any other person, firm or corporation, except as otherwise agreed to by Disclosing Party.

For the purposes hereof, the "Representatives" of each party hereto shall mean each such party's officers, directors, employees, affiliates, attorneys, accountants and consultants.

Receiving Party and its Representatives shall use the Confidential Information for such purpose as is necessary for evaluating the AX Business only but not for any other purpose or for their own benefit, except as provided herein.

Receiving Party and its Representatives shall use the same degree of care, but not less than a reasonable degree of care, to avoid disclosure or use of the Confidential Information as Disclosing Party or usual person would employ with respect to their own confidential or proprietary information of like importance.

2. The Confidential Information disclosed by Disclosing Party to Receiving Party and/or its Representatives in written or other permanent form, shall be prominently and unambiguously identified and marked as "Confidential". The

第2章 Non-Disclosure Agreement（守秘義務契約）　179

Confidential Information disclosed verbally, shall be stated as being confidential at the time of disclosure, and thereafter summarized in written form that clearly and unambiguously identifies the Confidential Information.

The parties hereto further agree that the following information shall not be deemed Confidential Information and neither party shall have any obligation to keep confidential with respect to any such information which :

（1）is already known to Receiving Party ; or

（2）is or becomes publicly known without breach of this Agreement ; or

（3）is received from a third party without similar restriction and without breach of this Agreement ; or

（4）is independently developed by Receiving Party who have not had access to any of the Confidential Information and without violating its obligations hereunder ; or

（5）is approved for release by written authorization of Disclosing Party.

3．The parties hereto agree that no right or licenses in the Confidential Information is granted to Receiving Party or any of its Representatives except as expressly provided for herein. Receiving Party shall not assign or transfer in any way any rights or obligations arising under this Agreement without prior written consent of Disclosing Party.

4．Receiving Party shall be responsible for ensuring that any of its Representatives shall keep such information confidential and shall not disclose or divulge the same to any unauthorized persons.

5．The term of this Agreement, during which Confidential Information may be disclosed to Receiving Party, shall begin as of the date first written above, and shall expire on ____, or such date as Receiving Party decided not to consummate the proposed acquisition project, whichever comes earlier. However, the expiration of this Agreement shall not relieve Receiving Party of its obligations hereunder regarding the protection and use of proprietary information disclosed hereunder prior to the expiration date for a period on five（5）years from the date of expiration.

180　第3部　デジタル時代の国際契約

6．All Confidential Information furnished hereunder shall remain the property of Disclosing Party and shall be returned to it or destroyed promptly at its request together with all copies made thereof by Receiving Party. Upon request, Receiving Party shall send Disclosing Party a destruction certificate.

7．This Agreement constitutes the entire agreement among the parties hereto and supersedes any and all prior commitments or agreements. Any revision or alteration of this Agreement shall be made only with the written consent of all the parties hereto.

8．The formation, construction, validity, interpretation and performance of the Agreement shall in all respects be governed by and interpreted in accordance with the laws of ____, without regard to its provisions concerning choice of law. With respect to all claims, disputes, controversies, or differences that may arise between the parties, out of or in relation to or in connection with the Agreement, or the breach thereof, the parties consent to the personal jurisdiction of ____ and waive any defense to any such action based upon lack of personal jurisdiction, forum non-convenience, or choice of venue.

9．Any provision of this Agreement that is prohibited or unenforceable in any jurisdiction, shall, as to such jurisdiction, be ineffective to the extent of such prohibition without invalidating the remaining provisions hereof or effecting the validity or enforceability of such provision in any other jurisdiction.

10．This Agreement does not create a partnership, associations or joint venture or agreement to sell and purchase the AX Business between the parties, nor shall it constitute any party as either an agent or employee of any other party.

11．This Agreement may be executed in one or more counterparts and is effective when each of the parties has executed a copy hereof. Each of the counterparts shall be deemed an original, all counterparts taken together shall comprise one and the same instrument.

第2章　Non-Disclosure Agreement（守秘義務契約）　181

ABC Corporation

By :

Title :

Date :

XYZ Corporation

By :

Title :

Date :

第3章

SaaS Subscription Agreement (SaaS サブスクリプション契約)

ポイント

- ・サブスクリプション契約は，一定期間，定額でネットワークを介して映画や音楽などのコンテンツ配信やソフトウェアのクラウドサービスを利用する契約。
- ・海外サービスプロバイダーとのサブスクリプション契約においては，相手国との租税条約，源泉徴収，消費税（リバースチャージ方式による申告）などを検討し，必要に応じて契約書に条件を含めなければならない。

≪関連法とキーワード≫

リバースチャージ方式：事業者が国内において行った課税仕入れのうち，国外事業者から受けた「事業者向け電気通信利用役務の提供」については，その役務を受けた国内事業者が，その「事業者向け電気通信利用役務の提供」に係る支払対価の額を課税標準として，消費税および地方消費税を申告納税する。

事業者向け電気通信利用役務の提供：国内において事業者向け電気通信利用役務の提供を行う国外事業者は，当該役務の提供に際し，あらかじめ「当該役務の提供に係る特定課税仕入れを行う事業者が消費税を納める義務がある旨」を表示する必要がある。

適格請求書発行事業者：国外事業者が適格請求書を発行できるのは，登録を受けた適格請求書発行事業者に限られる。

ダークパターン：本人の意図に反し，製品やサービスの購入，サブスクリプションの申し込み，より多くの個人情報の提供や，個人情報を広範囲に開示させるための手法とされ，各国や地域で規制されている。欧州では，デジタルサービス法（DSA：Digital Services Act）におけるEDPBソーシャルメディアのダークパターンに関するガイドラインがあり，米国では連邦取引委員会法（FTC法）5条「不公正又は欺瞞的な行為慣行の禁止」規定違反に

184　第3部　デジタル時代の国際契約

なる場合がある。

1　SaaSサブスクリプション契約の概要

SaaS（Software as a Service）であるサブスクリプション契約は，B2B（Business to Business：企業間）あるいはB2C（Business to Consumer：企業と消費者間）のいずれでも利用されるが，本章では国際的B2Bとして，海外サービス提供業者と日本企業ユーザ間のビジネスソフトウェア利用契約を取り上げる。

サブスクリプション契約は，規約であるとして修正ができないとサービス提供者から主張される可能性があるが，修正やAddendum（変更契約）が認められる場合も多い。

なお，クラウドサービスは，PaaS（Platform as a Service）提供業者であるAWS, Azure, Google Cloudなどが設置した大規模データセンターを使って，SaaS型サービス提供会社がサービスを提供する形態が多い。このため，サービス利用者はRFI（Request for Information）などでリーガル部門を含めた全社でPaaSを含めたSaaSビジネスのセキュリティ安全性検証を行うことが重要である。国内サブスクリプション契約（第2部第2章）と重複するため，こちらも参考にされたい。

2　契約書チェックポイント

英文サンプル契約書訳は参考目的であり，英文のみで解釈されることに留意されたい。利用においては，ブランク，網かけなどの記入やサービスの実態に合わせ，適用される法律（契約書の準拠法だけでなくサービス提供国やサービスを受ける国）による変更が必要である。

(1)　注文請書（第1.5条）

個別契約は，ABCフォーマットによるOrder Confirmation（注文請書）による。

第3章　SaaS Subscription Agreement（SaaS サブスクリプション契約）　185

（2）　利用地域（第2.1条）

　サブスクリプションサービスを日本国内のみで利用できるとしている。データセンターが日本国内，利用も日本であれば変更する必要はないが，海外支店の利用や出張者が海外からアクセスする場合，日本国内のみで利用できる条件の修正を求める必要がある。

　この場合，輸出法規等の確認が必要となる。また，「ABCサービスのコンテンツ，機能，およびユーザーインターフェイスを，ABCの裁量で随時更新することができる」としており，「ABCサービスの機能を著しく低下させない」という条件はあるものの，機能制限がされる可能性があることに留意する。

（3）　利用制限（第2.2条）

　「クライアントデータを処理するためのクライアントの社内業務目的のみ」に利用限定がなされている。

（4）　サービスレベル契約（SLA），データプロテクション条件（第2.3条，第2.4条）

　条件はそれぞれサービスプロバイダーのwebで示される。ABCが新しい規約に置き換える可能性があり，契約締結時にプリントして添付するなど一定の歯止めをかけることも考えられる。SLAについては，違反時の補償がどのような内容であるかを確認しておく。

（5）　知的財産権（第3条）

　ABCはABC Serviceにおける知的財産権を有し，クライアントに利用させる。ABCがABC Serviceを提供するためにクライアントデータをホスト，コピー，プロセスするためクライアントデータにアクセスすることを認める。クライアントデータはクライアントが知的財産権を有する。

（6）　料金支払（第4.1条）

　本契約では料金や期間の具体的な記載はしておらず，個別契約で料金条件（年間一括払いか３年分前払いか，月払いか）と期限前解約ができるか，解約

186 第3部 デジタル時代の国際契約

の際に期限までに係る残サブスクリプションフィーの支払義務がないか，一括払いの場合には返金可能かを確認する。

（7） 税金支払（第4.2条）

税金は原則クライアントが負担するが，本条で記載の源泉徴収処理が発生するか確認する必要がある。リバースチャージ方式，消費税，租税条約の扱いについて確認を行う。

（8） 契約期間（第5.1条）

個別契約が有効な期間中は解約ができない。「重大な違反」がある場合は即時解約でき，これ以外の事由の場合には30日の治癒期間がある。

（9） 契約解除の効果（第5.2条）

契約解除後アカウント停止になるが，クライアントデータを取り出すための14日間のアクセス権が認められる。SaaS契約においては，ファイルフォーマットによってはデータを取り出すことが極めて難しいといった問題が残る。

（10） 表明保証（第6.1条）

両者から，本契約締結について権限があること並びにABC Serviceを利用するにあたり適法であることを表明保証する。

（11） 履行（第6.2条）

ABCは，「ABCサービスは，本仕様書（Specifications）に従って実質的（materially）に履行される」と保証を限定している点に注意されたい。仕様書（Specifications）そのものに従ってではない。

（12） 免責（第6.3条）

保証免責条項である。米国法にも規定される，黙示の保証としての「商品性」や「特定目的への適合性」の保証を免責する。

第3章　SaaS Subscription Agreement（SaaS サブスクリプション契約）　187

(13)　損害賠償（第7.1条）

　ABCは，ABC Serviceが知的財産権を侵害しないこと，Specificationsに重大に違反しないこと，SLAに違反をしないことを補償し，最終的な唯一の責任は，有効なサブスクリプション期間の残余期間の前払料金の比例配分額となる。

　クライアントにとって重要となるデータ消失時の損害賠償規定内容を確認することは当然であるが，事業者側は責任制限規定（8条）によって責任制限を行おうとする。

　さらに，事業者としては，データ消失リスクを回避するため，ユーザにバックアップを行う義務を課すことや，データ補償がされない規定がなされることもある。バックアップ技術的手段を提供しているか確認することが前提である。

(14)　責任制限（第8.1条）

　責任制限条項（LoL）。責任制限額は，過去<u>支払った</u>サブスクリプション料金総額，サブスクリプション料金１年分，一定金額を限度とする条件が考えられる。なお，過去<u>支払った</u>とした場合，支払いがない場合（サービス開始当初など支払期限が到来していない），補償がないことになる。

　ここでは，１年間のサブスクリプション料金を限度とするが，支払ったことは条件でない。なお，クライアントによる支払債務とABCの知的財産権へのクライアントからの侵害には責任限度額がなく，7条の補償並びに秘密保持契約違反について100万ドルを限度とする。

(15)　責任例外条項（第8.2条）

　8.2条では責任例外条項（例：間接損害や懲罰的賠償責任の否定）を定めている。クライアントデータの損失に責任がないこととクライアント側にバックアップを行う義務を定めている。

(16)　秘密保持義務（第9条）

　秘密保持義務と秘密情報の定義と例外，強制的開示の例外，センシティブデータをABCサービスに提供してはならないことを定めている。

188　第3部　デジタル時代の国際契約

(17)　一般条項（第10条）

　10条は一般条項であるが，取引の実情に応じて他の一般条項を含める必要がある。

　10.1条は通知条項，10.2条は譲渡条項，10.3条は準拠法と裁判地条項，10.4条は輸出法規条項，10.5条は権利不放棄条項，10.6条は完全合意条項並びに個別契約と矛盾が生じた場合に個別契約が優先する優先条項である。

　なお，本契約は電子署名で締結される。

（吉川達夫）

第3章 SaaS Subscription Agreement（SaaS サブスクリプション契約） 189

SaaS Subscription Agreement

This SaaS Subscription Agreement ("Agreement") is entered into by and between ABC Inc., N.Y. corporation having its address at [ADDRESS, U.S.A.] ("ABC") and Client Name ("Client"), a Japanese corporation, having its address at [ADDRESS] to be effective on the date fully executed by the Parties (the "Effective Date).

1. DEFINITIONS

1.1 "ABC Service" means ABC's hosted software service accessible via ABC web browsers through www.ABCService.com as ordered through an Order Confirmation. Description and features of the ABC Service is described in Specifications which are available at www.ABCService.com ("Specifications").

1.2 "Client Data" means any electronic data or materials submitted by Client to or through the ABC Service for processing, and the outputs and modifications to such data obtained from such processing.

1.3 "End User" means Client employee, representative, consultant, contractor, or agent appointed by Client to use the ABC Service.

1.4 "Intellectual Property Rights" means patents, patent applications, copyrights, trademarks, service marks, trade names, domain name rights, know-how and other trade secret rights, and all other intellectual property rights.

1.5 "Order Confirmation" means a document entered by and between ABC and Client in the ABC format that references this Agreement and number of users, Subscription Term (defined later), the fees, and any other transaction specific terms and conditions. Order Confirmation shall contain the terms of renewal right after the expiration of the Subscription Term.

1.6 "Subscription Term" means the subscription period specified in an Order

Confirmation during which Client may use the ABC Service subject to the terms of the Agreement.

2．ABC SERVICE

2.1 Right to Use　ABC　grants Client the right to access and use the ABC Service only in Japan as per the terms of this Agreement during the Subscription Term. ABC shall host the ABC Service and may update the content, functionality, and user interface of the ABC Service from time to time in its discretion, provided that ABC shall not materially decrease the functionality of the ABC Service. Client has an exclusive control and responsibility for determining what Client Data submits to the ABC Service and for obtaining all necessary consents and permissions in order to submit Client Data to the ABC Service. Client is responsible for back up Client Data.

2.2 Restrictions　Client has a non-exclusive, no right of sublicense, nontransferable right to access and use the ABC Service during the Subscription Term solely for Client's internal business purposes for processing Client Data subject to the terms of this Agreement and the Order Confirmation. Client shall not: (a) lease, lend, sublicense, sell, transfer, host or enable access to the ABC Service by any third parties; (b) copy, modify or create derivative works based on the ABC Service; (c) reverse engineer, decompile, disassemble, or work around technical limitations in the ABC Service; (d) copy any part of the ABC Service; or (e) access or use of the ABC Service within the number of users specified in Confirmation Order. Client is responsible for the use of the ABC Service by End User and ensure End User comply the terms of the Agreement and Order Confirmation.

2.3 Availability & Support　During the Subscription Term, ABC shall maintain availability of the ABC Service and shall provide support services as described in the Service Level Agreement specified in ABC Web Site at www.ABCService.com ("SLA").

2.4 Data Protection　During the Subscription Term, ABC shall maintain reasonable technical safeguards for the protection of Client Data according to the data protection policy specified in ABC Web Site at www.ABCService.com.

3．INTELLECTUAL PROPERTY RIGHTS

ABC owns all Intellectual Property Rights to ABC Service. Client grants ABC a worldwide, non-exclusive license to host, copy, process, transmit and display Client Data as reasonably necessary for ABC to provide the ABC Service in accordance with this Agreement. Client owns all right, title and interest, including all related Intellectual Property Rights to Client Data.

4．PAYMENT

4.1 Fees; Payment Client shall pay all fees to Client's account pursuant to Order Confirmation as invoiced by ABC.

4.2 Taxes All fees are exclusive of all applicable taxes, levies, or duties, and Client shall be responsible for payment of all such taxes, levies, or duties, excluding taxes based solely on ABC's income. Client shall pay all fees free and clear of, and without reduction for, any VAT, GST, withholding, or similar taxes. If Client is required to withhold any taxes in connection with any payment to ABC, Client may deduct such taxes from the amount due to ABC and pay such amount to the appropriate taxing authority, provided that Client promptly secures and delivers official receipts and other documentation relating to such withholdings as ABC may reasonably request in claiming any foreign tax credits or refunds. Client must minimize any taxes withheld to the extent possible under applicable law.

4.3 Effect of Nonpayment This Agreement and Client's access to the ABC Service may be suspended or terminated if Client's account falls into arrears. Unpaid amounts may be subject to interest at the lesser of one and one percent (1%) per month or the maximum permitted by law plus collection costs.

5．TERM AND TERMINATION

5.1 Term This Agreement commences on the Effective Date and, unless earlier terminated pursuant to the terms of this Agreement, shall continue for so long as

192 第3部 デジタル時代の国際契約

there is an Order Confirmation in effect between the parties. Either party may terminate this Agreement and Order Confirmation(s)：(a) upon the other party's material breach that remains uncured for thirty (30) days following notice of such breach, except that termination shall take effect on notice in the event of a breach of Section 2.2（"Restrictions"）or 9（"Confidentiality"）；or immediately in the event the other party becomes the subject of a petition in bankruptcy or any other proceeding relating to insolvency, receivership, liquidation or assignment for the benefit of creditors.

5.2 Client Data Following Termination　Client agrees that following termination of this Agreement and any Order Confirmation(s), ABC may immediately deactivate Client's account associated with the Agreement or applicable Order Confirmation(s). During the fourteen (14) day period following termination or expiration, ABC may grant a reasonable number of End User to access the ABC Service solely for the purpose of retrieving Client Data.

5.3 Effect of Termination　Upon ABC's early termination of this Agreement for Client's uncured material breach pursuant to Section 5.1, fees relating to the ABC Service applicable to the duration of any and all Subscription Term(s) under all Order Confirmation(s) shall be immediately due and payable. Upon Client's early termination of this Agreement for ABC's uncured material breach pursuant to Section 5.1, Client is entitled to a prorated refund of prepaid fees relating to the ABC Service applicable to the remaining period in the applicable Subscription Term. Upon expiration or termination of this Agreement for any reason: (a) all subscription rights granted under this Agreement, ABC's obligation to provide the ABC Service, and Client's right to access or receive the ABC Service, shall terminate; and (b) Sections 1, 2.2, 3, 4, 5.2, 6, 7, 8, 9, and 10 shall survive.

6．REPRESENTATIONS AND WARRANTIES

6.1 By Each Party　Each party represents and warrants that it has the power and authority to enter into this Agreement and the use of the ABC Service is in compliance with applicable laws.

第3章 SaaS Subscription Agreement（SaaS サブスクリプション契約） 193

6.2 By ABC ABC warrants that, during the Subscription Term, the ABC Service shall perform materially in accordance with Specification.

6.3 Warranty Disclaimers EXCEPT WARRANTY IN THIS ARTICLE, ALL OTHER REPRESENTATIONS AND WARRANTIES, EXPRESS, IMPLIED, STATUTORY, OR OTHERWISE, INCLUDING ANY IMPLIED WARRANTY OF MERCHANTABILITY AND FITNESS FOR A PARTICULAR PURPOSE ARE HEREBY DISCLAIMED TO THE MAXIMUM EXTENT PERMITTED BY APPLICABLE LAW. ABC IS NOT RESPONSIBLE FOR AND DISCLAIMS ALL LIABILITY RELATED TO DELAYS, DELIVERY FAILURES, INTERCEPTION, ALTERATION OR OTHER DAMAGE RESULTING FROM PROBLEMS INHERENT TO INTERNET, MOBILE AND PERSONAL COMPUTING DEVICES, OR TRANSMISSION OF ELECTRONIC COMMUNICATIONS OVER THE INTERNET OUTSIDE OF ITS CONTROL.

7. INDEMNIFICATION

7.1 By ABC ABC shall defend, indemnify and hold Client harmless from and against any damages and costs, including reasonable attorneys' fees and costs incurred by Client, finally awarded against Client in connection with any claim, demand, suit or proceeding from the third party（"Claim"）alleging that the ABC Service directly infringes Intellectual Property Rights of a third party, serious breach of Specifications, or suspension of the ABC Service in breach of SLA. ABC shall have no indemnification obligation for Claims to the extent arising from:（a）Client's use of the ABC Service other than as permitted under this Agreement;（b）the combination of the ABC Service with any third party products, services, hardware, data, content, or business processes; or（c）from the modification of the ABC Service. If ABC becomes aware of a Claim, serious breach of Specifications, or suspension of ABC Service in breach of SLA, ABC may, at its sole option:（i）obtain for Client the right to continue use of the ABC Service;（ii）modify the ABC Service so that it is no longer infringing; or,（iii）if neither of the foregoing options is reasonably available to ABC, terminate the ABC Service, in which case ABC's sole liability shall be to refund to Client a prorated amount of prepaid fees for the ABC Service applicable to the remaining period in the then-current Subscription

194　第3部　デジタル時代の国際契約

Term.

7.2 By Client　Client shall defend, indemnify and hold ABC harmless from and against any damages and (including reasonable attorneys fees and costs incurred by ABC) finally awarded against ABC in connection with any Claim alleging that use of the Client Data infringes Intellectual Property Rights of a third party.

7.3 Indemnity Process　Each party's indemnification obligations are conditioned on the indemnified party: (a) promptly giving a written notice of the Claim to the indemnifying party; (b) giving the indemnifying party sole control of the defense and settlement of the Claim; and (c) providing to the indemnifying party all available information and assistance in connection with the Claim, at the indemnifying party's request and expense. Neither party may admit liability for or consent to any judgment or concede or settle or compromise any Claim unless such admission or concession or settlement or compromise includes a full and unconditional release of the other party from all liabilities in respect of such Claim.

8. LIMITATION OF LIABILITY

8.1 Liability Cap　IN NO EVENT SHALL EITHER PARTY'S AGGREGATE LIABILITY EXCEED THE AMOUNTS ACTUALLY PAID BY AND/OR DUE FROM CLIENT RELATING TO THE ABC SERVICE FOR THE THEN-CURRENT ANNUAL SUBSCRIPTION TERM, UNDER THE APPLICABLE ORDER CONFIRMATION(S) RELATING TO THE CLAIM. NOTWITHSTANDING THE ABOVE, (A) THERE IS NO LIABILITY CAP FOR CLIENT'S PAYMENT OBLIGATIONS OR WILLFUL INFRINGEMENT OF ABC INTELLECTUAL PROPERTY RIGHTS BY CLIENT, AND (B) THE LIABILITY LIMITATION FOR A BREACH BY EITHER PARTY OF SECTION 7 ("INDEMNIFICATION") OR SECTION 9 ("CONFIDENTIALITY") SHALL BE ONE MILLION DOLLARS ($1,000,000) IN THE AGGREGATE.

8.2 Liability Exclusions　NEITHER PARTY SHALL BE LIABLE FOR ANY INDIRECT, PUNITIVE, SPECIAL, IMPLIED, INCIDENTAL, OR CONSEQUENTIAL DAMAGES OR OBLIGATIONS (INCLUDING LOSS OF

第3章 SaaS Subscription Agreement（SaaS サブスクリプション契約）　195

REVENUE, PROFITS, OR USE) ARISING OUT OF OR RELATING TO THIS AGREEMENT, INCLUDING THE USE OR INABILITY TO USE THE ABC SERVICE, EVEN IF SUCH PARTY HAS BEEN PREVIOUSLY ADVISED OF THE POSSIBILITY OF SUCH DAMAGES. FURTHER, ABC SHALL NOT BE LIABLE FOR LOSS OF CLIENT DATA.

9. Confidentiality

9.1 Confidentiality　"Confidential Information" is any information related to this Agreement or Order Confirmation, the ABC Service disclosed by one party ("Discloser") to the other party ("Recipient"). Recipient may use Discloser's Confidential Information solely to perform Recipient's obligations or exercise its rights hereunder. Recipient shall not disclose Discloser's Confidential Information to any third party without Discloser's prior written consent, except that Recipient may disclose solely to Recipient's employees, agents and/or subcontractors who have a need to know and who are bound in writing to keep such information confidential pursuant to confidentiality agreements consistent with this Agreement to perform the obligation hereunder. The foregoing shall not apply to any information that: (a) was in the public domain at the time it was communicated to the Recipient by the Discloser; (b) was in the public domain through no fault of the Recipient; (c) was in the Recipient's possession free of any obligation of confidence; (d) was rightfully communicated to the Recipient free of any obligation of confidence; or (e) it was developed by employees or agents of the Recipient independently of and without reference to any information communicated to the Recipient by the Discloser.

9.2 Compelled Disclosure　The Recipient shall not be in violation of Section 9.1 regarding a disclosure that was in response to a valid order by a court or other governmental body.

9.3 Sensitive Data　Client agrees that it shall not submit the Sensitive Data to the ABC Service. Sensitive Data under this Article shall mean: government-issued identification numbers, consumer financial account information, credit and payment card information, personal health information, or information deemed "sensitive"

196 第3部 デジタル時代の国際契約

under the applicable law.

10. General

10.1 Notice Notices to a party shall be sent by first-class mail to the address for such party as identified on the first page of the Agreement and shall be effective upon delivery.

10.2 Assignment Neither party may assign any of its rights or obligations hereunder, whether by operation of law or otherwise, without the other party's prior written consent (not to be unreasonably withheld) except as provided in this Section 10.2.

10.3 Governing Law; Venue This Agreement shall be governed by the laws of State of New York (without regard to the conflicts of law provisions). Claims arising out of or in connection with this Agreement shall be subject to the exclusive jurisdiction of the district court of New York State. Neither the United Nations Convention of Contracts for the International Sale of Goods nor the Uniform Computer Information Transactions Act shall apply to this Agreement.

10.4 Export Laws Each party shall comply with the export laws and regulations of the United States and other applicable jurisdictions in providing and using the ABC Service.

10.5 Waiver The failure of a party to enforce any right or provision in this Agreement shall not constitute a waiver of such right or provision unless in writing. No modification hereof shall be effective unless in writing and signed by both parties.

10.6 Entire Agreement This Agreement comprises the entire agreement between Client and ABC and supersedes all prior proposals, negotiations, discussions, or agreements between the parties regarding its subject matter. In the event of a conflict between the terms of this Agreement and the terms of any Order Confirmation, the terms of Order Confirmation shall supersede to the Agreement.

第3章　SaaS Subscription Agreement（SaaS サブスクリプション契約）　197

IN WITNESS WHEREOF, the parties hereto execute this Agreement by an electronic signature platform, the signature record shall be electromagnetic in lieu of a hard copy.

第4章

Employment Agreement（労働契約）

ポイント

・労働契約を締結する際は，適用される労働関係法規の確認が必須である。
・海外出向により海外現地法人との間で労働契約を締結する場合でも，日本本国
　（出向元）との間で労働契約が存続しており，現地法人と日本本国との間の労
　働契約の整合性に注意する。

≪関連法とキーワード≫

法の適用に関する通則法（労働契約の特則）：法律行為の準拠法について当事
　者自治を無制限に認めると，使用者側に有利な法選択がなされ，労働者保護
　規定が整備されていない国の法令が指定される可能性がある。そこで，労働
　者保護の観点から最密接関係地法における保護が与えられるように特例が設
　けられている（同法12条）。なお，労働事件に関する国際裁判管轄の合意に
　ついては，平成23年の民事訴訟法改正により有効となる場合が限定されてい
　る（同法3条の7第6項）。

海外赴任：厳密な定義はないが，①海外赴任期間が短期の場合には「海外出
　張」，②長期の場合で海外支店が法人格を持たない場合を「海外駐在」，③現
　地法人があり，その指揮命令下で現地法人の社員として勤務する場合を「海
　外出向」ということが多い。海外赴任者に関する退職や懲戒処分を行う場合
　には，日本本社と現地法人のどちらに人事権が配分されているかの問題を海
　外赴任規程や海外出向契約等で確認することになる。解雇や懲戒解雇等の重
　要な措置は，日本本社が人事権を有している（保留している）ことが多い。
　人事権の所在以外にも，処分の言渡しやヒアリングを現地（海外赴任先）で
　行うのか，いったん帰国させて日本本社で行うのかの手続き面も，検討する
　必要がある。

外国人労働者向けモデル労働条件通知書：日本で労働者を雇用する場合に必要な労働条件の明示事項を記載した「モデル労働条件通知書」は，外国人労働者用に英語や中国語，スペイン語等の外国語版が厚生労働省により公開されている。実務では，モデル労働条件通知書に労働者の同意の署名欄を設けておき，雇用主（会社）が提示した労働条件に対する労働者側の同意を記録化することがある（第1部第6章の「デジタル時代における労働契約の締結・変更の方法」の「2（1）」参照）。

1　労働契約の概要

本契約書では労働契約における基本的な事項を挙げているが，国・地域によってさまざまな労働関係法規があり，多くの場合は強行法規である。海外で労働契約を締結する場合には適用される国・地域の法令に則った内容に修正する必要がある。なお，外国語による労働契約書の作成にあたっては，厚生労働省が公開している「外国人向けモデル労働条件通知書」も参考されたい。

2　契約書チェックポイント

（1）　契約期間（第1条）

第1項では契約期間を定め，第2項では契約更新を規定している。契約当初から更新回数に上限を設ける場合は，以下のように第3項に条項を追加する。

（3回を更新の上限とする場合の条項例）

> The renewal of the Term in accordance with the preceding paragraph shall not exceed three（3）times.

（2）　就業場所，業務内容（第2条，第3条）

労働時間（第4条）や給与（第7条）にも影響するような大幅な変更の場合には，変更箇所について別途で合意書を締結したり，新たに労働契約書を再締

第4章　Employment Agreement（労働契約）　201

結したほうが明確である。なお，日本では労働基準法施行規則の改正により2024年4月から「就業場所・業務の変更範囲」の明示が必要になっている。

（3）　労働時間，休日（第4条，第5条）

労働時間（始業・終業時刻，休憩時間）を労働契約時に特定せず，月毎のシフト制により定める場合の条項例は以下である。

> The Company shall notify in writing the Employee of his/her working days, opening and closing time and rest period (hereinafter referred to as the "Notice of Shifts") one (1) month in advance of his/her work. The Employee shall work in accordance with the Notice of Shifts.

第5条では休日を記載したが，労働日を規定する場合は［The Employee's workdays shall be as follows.］として「労働日」を列挙する。

（4）　時間外・休日労働（第6条）

休日労働を命じた場合，①休日労働分の割増賃金を支払う，②休日労働した分，他の労働日には勤務させない，といった対応がとられる。②に関する条項例は以下である。

> In the event that the Company has the Employee work on days off pursuant to the preceding paragraph, the Company shall provide the Employee with days off equivalent to the number of days that the Employee worked during the days off.

（5）　給与（第7条）

賞与を支給しない場合には，第4項および第5項を削除し，以下の条項を設ける。

202 第3部 デジタル時代の国際契約

> The Employee acknowledges that he/she shall not be entitled to any bonus or similar wage.

（6） 支払方法（第8条）

給与の支払方法は，退職・解雇時にトラブルになることがある。

退職後においても，未払残業等でトラブルが発生することを避けるため，退職時に未払賃金がないことの書面確認をすることがある。雇用主（会社）側でも，社会保険料等で労働者本人の負担部分の未回収がないかを確認しておく必要がある。

（7） 退職（第9条）

① 第2項では，労働者側からの退職申出（辞職）について，14日前の書面によることを規定したが，退職手続きについて社内ルール（規定）がある場合は，以下の条項例でもよい。

> ［The Employee's resignation shall be requested to the Company in accordance with the Company's rules.］

退職申出（辞職）の書面には，退職日に加えて退職理由も記載すべきである。退職理由をめぐるトラブル防止に加え，日本では退職理由が雇用保険（失業保険）の受給や各種助成金にも影響することがあるからである。

② 就労資格がない者との労働契約関係を速やかに終了させる場合の根拠規定としては，以下の条項例がある。

> Article ○. Visa/Stay Permission
> In the event that the Employee's working visa and stay permission are not approved, refused, withdrawn or failed to be renewed in accordance with immigration laws, the Employee's employment shall be immediately terminated by the Company at its discretion.

第4章　Employment Agreement（労働契約）　203

（8）　解雇（第10条）

解雇は労働法規の規制が厳しく，紛争化のリスクも高い。実際に解雇を行う場合には，契約書の条項だけでなく，現地の弁護士等に事前相談すべきである。

（9）　貸与金品等の返還（第11条）

会社貸与物の返還とともに，社内の私物返却も併せて行い，返却に関する確認書を作成することがある。

（10）　遵守事項（第12条）

第2号では在職中の兼業・兼職禁止を規定している。退職後の競業禁止を定める場合には，以下のような条項例を追加するか，別途，退職後の競業禁止に関する誓約書を提出させる。

Article ○. Covenant Not to Compete
The Employee shall not, during the Term of this Agreement and for a period of ＿＿ years after the termination of his/her employment, engage in or accept any position with any business in competition against any business of the Company, its subsidiaries or other affiliated or related companies.

11号の一般的な書類提出に関する規定に加え，以下のような就労資格に関する書面提出義務を明記することがある。

The Employee shall submit Certificate of Authorized Employment and/or other document(s) required by the Company by a fixed period of time.

（11）　懲戒，損害賠償（第13条，第14条）

懲戒処分や損害賠償の根拠を規定している。もっとも，どちらも紛争化のリスクが高いので，実施にあたっては契約書の条項だけでなく，現地の弁護士等に事前相談すべきである。なお，懲戒処分の前の警告措置として「注意書」や

204　第3部　デジタル時代の国際契約

「業務改善指導書」などを発行することがある。

(12)　準拠法・管轄（第15条）

準拠法および管轄を規定しているが，労務提供地において各国の労働法規が強行法規として適用される場面がある点に注意を要する。

(13)　契約書以外の合意（第16条）

本契約書に規定していない事項について，法令や社内規則（就業規則）によることを規定している。個別に合意書を作成する場合に備え，以下のような条項例を追加することもある。

Any matters not stipulated herein shall be determined by documents introduced by the Company from time to time or mutual agreement in writing between the parties hereto.

(14)　電子署名（末尾部分）

電子署名による締結の場合の規定である。電子署名を用いない場合の規定例は以下である。

IN WITNESS WHEREOF, the parties hereto have caused this Agreement to be signed by the Company and the Employee in duplicate, each party retaining one（1）copy thereof, respectively.

（高仲幸雄）

第4章 Employment Agreement（労働契約） 205

Employment Agreement

This Employment Agreement (hereinafter referred to as the "Agreement") is made by and between _____ Co., Ltd. (hereinafter referred to as the "Company") and _____ (hereinafter referred to as the "Employee").
The Company and the Employee hereby agree as follows:

Article 1. Term

1. The duration of the Employee's employment under this Agreement (hereinafter referred to as the "Term") shall commence on _____A_____ and shall continue to and through _____B_____ unless sooner terminated in accordance with the provisions hereinafter set forth.
2. The renewal of the Term may be determined through mutual agreement considering circumstances including, but not limited to, volume and progress of the work the Employee is engaged in at the time of expiration of the Term, the Company's business situation and prospects, the Employee's skills in handling the assigned work, work performance, attitude about work and health condition.
3. The Employee acknowledges that working conditions set down by the Company regarding the renewal of the Term may differ from the working conditions set forth hereunder.
4. The Employee acknowledges that there exists no contract of any form with the Company after the expiration of employment duration as specified in Article 1 in case the contract renewal is not mutually agreed.

Article 2. Place of Work

1. The Employee shall work at the Company's head office; provided, however, that the Company may locate the Employee at other places if need arises.
2. The Company's request on the place of work set forth in the preceding paragraph shall not be unreasonably denied by the Employee.

Article 3. Scope of Services

1. During the Term of this Agreement, the Employee shall render the following services for the Company.

206 第3部 デジタル時代の国際契約

a) ⋯

b) ⋯

⋯

*) ⋯

**) Other services related to the services set forth in subsection a) to *) above.

***) Other services reasonably required by the Company.

2. Notwithstanding the provisions of the preceding paragraph, the Company may change the services to be rendered by the Employee if need arises.

Article 4. Working Hours

1. The Employee's working hours and rest period shall be as follows:

Opening time: 9 a.m.

Closing time: 6 p.m.

Rest period: from 12 a.m. to 1 p.m. (one (1) hour)

2. Notwithstanding the provisions of the preceding paragraph, the Company may designate the opening time, closing time and rest period of the Employee forward or backward if need arises.

3. Working hours of the Employee shall be recorded and reported to the Company in accordance with procedures designated by the Company.

4. The Employee's late arrival and early leave shall be reported to and be approved by the Company in advance; provided, however, that the Employee may report such occurrences to the Company afterward without delay if there are unavoidable circumstances.

Article 5. Days Off

1. The Employee's days off shall be as follows.

(1) Saturdays and Sundays

(2) Other day(s) designated by the Company

2. The Company may, notwithstanding the provisions of the preceding paragraph, have the Employee work on days off if need arises. The Company shall notify the Employee of such event in advance.

3. The Employee's absence from work shall be reported to and approved by the Company in advance; provided, however, that the Employee may report his/her absence to the Company afterward without delay if there are unavoidable

circumstances.

4. In the Term set forth in Paragraph 1 of Article 1 hereof, the Company shall grant ____ days paid leave during the period requested by the Employee; provided, however, that when the granting of leave during the requested period would interfere with the normal operation of the enterprise, the Company may grant the leave during another period.

5. Unused paid leave may be carried over only to the following year.

6. The Company shall, in addition to paid leave stipulated in the preceding two paragraphs, provide the Employee with rest periods and days off in accordance with applicable laws.

Article 6. Additional Working Hours and Days

1. Notwithstanding the provisions of Paragraph 1 of Article 4 and Paragraph 1 of Article 5 hereof, the Company may order the Employee to work at additional times and on additional days if need arises.

2. The Company's order under the preceding paragraph shall not be unreasonably denied by the Employee.

Article 7. Wages

1. The Company shall compensate the Employee as follows:
   (1) Basic salary: 【A】 yen/month
   (2) Commutation allowance

2. In case that the Employee has worked beyond regular working hours stipulated in Paragraph 1 of Article 4, or has worked on a regular holiday stipulated in Article 5, or has worked late night (between 10:00 p.m. and 5:00 a.m.), the Company shall pay an extra wage calculated in accordance with relevant laws.

3. Commutation allowance shall be calculated in accordance with the most economical and reasonable route and mode of commutation as determined by the Company.

4. The Company shall, in addition to the wages granted to the Employee in accordance with Paragraph 1 and 2 hereof, pay a bonus to the Employee on 【B】, 【C】, 20XX (hereinafter referred to as the "Bonus Day") ; provided, however, that the Employee is not employed by the Company on the Bonus Day.

5．The amount of bonus shall be determined by the Company according to such factors as the Employee's performance and the Company's operating profit.

6．The Employee acknowledges that he/she shall not be entitled to any retirement benefit or similar benefit.

Article 8. Payment Methods

1．Wages stipulated in Paragraph 1 and 2 of Article 7 hereof shall be paid monthly for the period from the first to the last day of the month (hereinafter referred to as the "Payment Period"), and shall be paid on the 【D】th day of the next month of the Payment Period (hereinafter referred to as the "Pay Day"). In the event that the Pay Day falls on a legal holiday or a banking holiday, the payment shall be made on the business day prior to the Pay Day.

2．The payment of wages under the preceding paragraph shall be transferred to the Employee's bank account designated by the Employee.

3．In the event that the Employee has not worked for days and hours required by this Agreement because of reasons including, but not limited to, absence, late arrival or early leave, the amount of wages proportionate to those diminished day(s) and/or hour(s) shall be deducted from the payment. Furthermore, the Employee acknowledges that the payment of the wages shall be subject to deduction required or permitted by applicable laws.

Article 9. Termination of Employment

1．The Employee's employment shall be terminated for any of the following.
 (1) Death of the Employee
 (2) The Company's approval upon the Employee's request to resign
 (3) Expiration of the Term without renewal

2．The Employee's resignation request shall be lodged to the Company in writing fourteen (14) days prior to his/her resignation.

Article 10. Dismissal

The Employee shall be dismissed for any of the following.
 (1) The Employee is deemed unable to handle the assigned work stipulated in Article 3 hereof.
 (2) The Employee has remarkably poor work performance or fails to

第4章 Employment Agreement（労働契約） 209

demonstrate a positive attitude about work.

(3) The Employee becomes redundant due to the Company's operational requirement including, but not limited to, restructuring or business scale reduction.

(4) The Employee violates any of the provisions in Article 12 hereof.

(5) Any other unavoidable circumstances prevent the continuance of this Agreement.

Article 11. Return of Money and Properties

In the event of the Employee's retirement or dismissal, the Employee shall return the Company money and properties which belong to the Company including, but not limited to, materials, equipment and identification cards, as instructed by the Company.

Article 12. Compliance

The Employee shall comply with the following.

(1) The Employee shall not violate any of the provisions stipulated in this Agreement.

(2) The Employee shall not become an employee of another company without approval of the Company.

(3) The Employee shall not violate any of the Company's rules or orders from his/her superior.

(4) The Employee shall not disclose to any third party any information considered by the Company to be confidential including, but not limited to, trade secret and personal information.

(5) The Employee shall not gain any private interest by taking advantage of his/her position.

(6) The Employee shall not cause any damage to the Company.

(7) The Employee shall not violate punitive laws.

(8) The Employee shall not damage the Company's reputation.

(9) The Employee shall not conduct unwanted sexual behavior toward others.

(10) The Employee shall not violate the Statement of Pledge submitted to the Company.

(11) The Employee shall, for the purpose of processes relating to his/her

210 第3部 デジタル時代の国際契約

employment, produce document(s) and/or carry out any procedures as necessity requires. Also, the Employee shall respond to inquiries from the Company regarding the document(s) and/or procedures above.

Article 13. Disciplinary Measures

1．In the event that the Employee violates any of the provisions stipulated in Article 12 hereof, the Company may take disciplinary measures as follows.

  （1）Reprimand – to urge the Employee to reflect on the matter by having the Employee submit a report to the Company.

  （2）Pay Cut – to reduce the Employee's wages. The amount of decrease for a single occasion shall not exceed fifty (50) percent of the daily average wage, and the total amount of decrease shall not exceed ten (10) percent or the total wages for a month.

  （3）Suspension from work – to suspend the Employee from work. Compensation for the period suspended from work shall not be paid.

  （4）Disciplinary dismissal – to dismiss the Employee immediately, without notice period.

2．The Company may search the Employee's belongings carried into his/her workplace, monitor personal computers used by him/her and/or carry out other necessary inspections when it deems necessary for the purpose of, including, but not limited to, deciding appropriate disciplinary measures against the Employee. Such inspections shall not be unreasonably denied by the Employee.

3．In the event that the Company determines to take disciplinary measures against the Employee, the Company may order the Employee to stay at home until disciplinary measures against him/her are decided.

Article 14. Indemnification

The Employee shall indemnify the Company from any and all damages from the negligence or willful misconduct of him/her. The Employee acknowledges that the duty to indemnify the Company hereunder shall persist after disciplinary measures, if any, are taken against him/her in accordance with the preceding article.

第4章 Employment Agreement（労働契約） 211

Article 15. Governing Law/Exclusive Jurisdiction and Venue

1. This Agreement shall be governed by, and construed and interpreted under the laws of _____.

2. The parties hereto agree that all the lawsuits hereunder shall be exclusively brought in the _____ Court of _____.

Article 16. Reference

1. Any matters not stipulated herein shall be governed by the laws and the Company Rules applicable to the Employee.

2. In the event that any part of the Company Rules is amended during the Term, the revised version shall be binding.

IN WITNESS WHEREOF, the parties hereto execute this Agreement by an electronic signature platform, the signature record shall be electromagnetic in lieu of a hard copy.

第4部

判 例 編

第1章

国内判例

1　秘密保持義務などが争われた事例
　（大阪地判令和5年8月24日（裁判所HP））[1]

（1）　事案の概要

　原告が被告との間の販売代理店契約に基づき被告に支払った契約保証金300万円について，この契約の合意解約に基づき返還を求めた。これに対して被告が，原告は被告製品の図面等の被告の秘密情報を用いて模倣品を製造し，被告の間の秘密保持義務，善管注意義務ないし秘密情報の目的外使用禁止義務に違反したと主張。被告は原告に対する損害賠償請求権を，原告の被告に対する保証金返還請求権と相殺するとしたものである。

（2）　裁判所の判断

　被告が本件秘密保持契約に基づき秘密が保持されるべき秘密情報である旨主張する本件各情報について，特定が行われていないことは当事者間に争いがないから，本件各情報は，本件秘密保持契約における「秘密情報」には当たらず，原告が本件秘密保持契約に基づく秘密保持義務，善管注意義務，および秘密情報の目的外使用禁止義務を負うことはないというべきである。

（3）　コメント

　この事例は守秘義務契約において教科書的に想定される論点が実際に争われていて興味深い。対象となった情報は，原告が秘密保持義務，善管注意義務および目的外使用禁止義務を負うべき秘密情報に当たるか，具体的には各情報に

---

1)　https://www.courts.go.jp/app/files/hanrei_jp/345/092345_hanrei.pdf

216 第4部 判例編

ついて，秘密情報として特定されたか，各情報が秘密情報であることが当然の前提とされていたか，各情報が公知情報と言えるかなどが争われている。また，不正競争防止法上の営業秘密に当たるかも検討されている。

（4） 企業法務部の視点

企業間で正面から守秘義務契約違反を争った事例は多くない。これは守秘義務契約が保護すべき情報を守るうえで万全の方法ではないことを表している。ビジネスにおける平素の交渉の中でやり取りされる情報のうち，何が守秘義務で保護されるものなのかが実務的に特定しにくいことも一因ではあるが，いったん情報が漏れてしまったり，目的外で利用されたりすると，事実上，損害の特定や回復は困難であることが大きな理由だと思われる。この観点から守秘義務契約には限界があり，結局，どのような情報を誰に渡すのが適切なのかというビジネス的な判断に依拠せざるを得ないのが実情である。

（宗像修一郎）

2　電子署名により締結された契約が有効とされた事例 （東京地判令和元年7月10日（平成29年（ワ）11641号））

（1）　事案の概要

X社は，資本関係にあったY社に対して9億9,000万円の範囲で反復して金銭を貸し付けることを合意し，両者間で，電子署名の形式をもって相互極度貸付契約書が締結された。その後，当該資本関係解消に伴い，両者間で，前記貸金債務（旧債務）を目的とする準消費貸借契約書等が署名押印の形式をもって締結された。しかし，Y社が利息支払を怠り期限の利益を喪失したため，X社は，残額分の金員および遅延損害金の支払を請求した。これに対し，Y社は，前記相互極度貸付契約書について，X社が無断に電子署名をしたため当該契約が成立しておらず，そもそも旧債務が存在しないと反論した。

（2）　裁判所の判断

裁判所は，Y社が，X社からの送金が前記相互極度貸付契約書に基づく貸金

であることを前提として，X社との（資本関係解消の際の）清算合意に応じ，また前記貸金債務（旧債務）を目的とする前記準消費貸借契約の締結に応じたことに着目した。そして，Y社が「本件相互極度貸付契約が存在することを前提とした行動を一貫して取っていたのであるから，本件相互極度貸付契約書上の被告…名下の電子署名は，被告…の意思に基づくものであると認めるのが相当である。」とした。

（3） コメント

裁判所は，当事者が相互極度貸付契約の有効性を前提としていた等の経緯を踏まえ，電子署名がY社の意思に基づくものであることを判断した。裁判所が，書面により締結された準消費貸借契約等と同様，本件の事実関係を踏まえて電子契約の真正な成立（形式的証拠力）に触れたという意味では，貴重な裁判例であるとも思える。

（4） 弁護士の視点

本件では，裁判所が，契約締結前後の事実関係（当事者の行為等）を踏まえて，電子契約が同社の意思に基づき作成されたものであること（いわゆる形式的証拠力）を認定したにとどまる。電子署名の成否に関する判断という観点で，先例としての価値は高いわけではない。

政府の「電子契約サービスに関するQ&A」[2]において「裁判所の判断に委ねられる事柄」とされているとおり，電子署名法3条の推定効との関係で，電子署名者と電子文書の作成名義人の同一性や文書の改ざん等の可能性が争われるようなケースについても，裁判所の判断を期待したいところである。

（藤枝典明）

---

2) 総務省・法務省・経済産業省「利用者の指示に基づきサービス提供者自身の署名鍵により暗号化等を行う電子契約サービスに関するQ&A（電子署名法第3条関係）」（令和2年1月9日，法務省・デジタル庁により令和6年1月9日に一部改訂）

218 第4部 判例編

3 東起業事件
(東京地判平成24年5月31日判決（労働判例1056号19頁))

(1) 事案の概要

　Y社は支店内に監視システムを導入し，X社員の座席が観察できる位置に監視カメラを設置した。また，Y社は，X社員に対してパソコンに行動予定を入力することを指示するとともに，携帯電話をナビシステムに接続して常時位置確認ができるように設定した。このナビシステムは，深夜・早朝・休日やX社員の退職後も数度にわたり使用された。X社員は，Y社による監視システムとナビシステムが違法であるとして不法行為に基づく損害賠償を請求した（本事件では他の争点もあるが，上記システムの部分のみ解説する)。

(2) 裁判所の判断

　X社員の行動予定を管理するためにパソコンに入力を指示することは正当であり，監視システムも支店内のセキュリティー向上という必要性があることから違法ではないとした。

　他方，ナビシステムについては，勤務状況の確認自体は違法ではないが，早朝・深夜・休日や退職後のような労務提供義務がない時間帯・期間において居場所確認をすることは特段の必要性がない限り許されないとして，不法行為の成立（慰謝料10万円）を認めた。

(3) コメント

　在宅勤務が一般化したことで，在宅勤務中の社員の行動を把握したいという雇用主側のニーズも出てきている。企業によっては会社貸与のパソコンのモニタリングやログの閲覧・解析を行うために就業規則等の社内規程等に根拠規定を設けているが，業務上の必要性が認められる範囲に限定すべきである。在宅勤務では私生活との区切りが曖昧になり，過度な監視はプライバシー侵害や個人情報の取得にもなり得る点に留意が必要である。

第1章　国内判例　219

（4）　弁護士の視点

　裁判所はＹ社が導入したナビシステムによる確認行為について，労務提供義務がある時間帯・期間であるか否かを基準として判断としており，その判断は妥当と思われる。もっとも，フレックスタイムや裁量労働制，管理監督者の場合は「労務提供義務がある時間」を特定することが困難なケースも想定され，システムによる監視・行動確認には限界がある。就業規則等の規程には，在宅勤務やテレワークが不適な事態が発生した場合は，出社による通常勤務に切替可能な条項を設けておくべきである。

（高仲幸雄）

4　アマゾン著作権違反申告事件
　　（大阪高判令和6年1月26日判決）

（1）　事案の概要

　アマゾンジャパン合同会社の運営するECサイト上に開設した原告サイトにおいて商品を販売している一審原告が，被告サイトにおいて同種商品を販売している一審被告に対し，一審被告がアマゾンに対して原告サイト上に掲載された画像（原告各画像）および商品名が一審被告の著作権を侵害しているとして申告した行為が不正競争防止法第2条1項21号の不正競争行為または不法行為に該当する旨主張し，損害賠償を求めた。

（2）　裁判所の判断

　大阪高等裁判所は，一審被告が主張した画像について，原審と異なり一部について著作物性を認めたものの，当該著作物に対する著作権侵害は否定し，一審被告の行為を競争関係にある他人の営業上の信用を害する虚偽の事実を告知する行為と判断して損害賠償責任を認めた。

　なお，大阪高裁は，原審と異なり，一部について被告画像について著作物性を認めたほか，原告の損害について，一部逸失利益を認め損害賠償額を広げたものである。

（3） コメント

　競合する他社に対し，著作権侵害等を理由として，違反申告を行うケースは本件のようなECサイトに限らず，YouTubeなどの動画共有プラットフォームなどにおいても昨今見られるものである。特に競合他社が自社商品と同様の物を販売等している場合において，自社の優位性を保つべく，ECサイトからの排除を目的として何らか措置を講じることができないか考えるケースも存在する。

　しかし，著作権をはじめ権利侵害を認定できない場合，当該違反申告は不正競争行為として損害賠償責任を生じる可能性が存在する。

（4） 知財弁護士の視点

　不正競争防止法における虚偽申告を不正競争として損害賠償請求等に至るケースは，登録型の知的財産権である特許権侵害の主張等においてみられたものであるが，非登録型である著作権等を根拠として行われることも昨今裁判例も増加しつつある。

　確かに，上記のように，違反申告を行うことで自社の販売活動を阻害する他者を排除することは考えうるものである。

　しかし，その際に，著作権侵害を根拠とすることについては，注意が必要である。

　というのも，特許等の登録型の権利と異なり，著作権はそもそも著作権が生じているかという権利の発生から問題となるためである。

　実際，本件においては被告主張の画像はごく一部を除き著作権を生じるものではないと認定されている。これは，商品写真は当該商品の形状等を示すためには自然と写真の撮影方法等が限定され，著作物性に必要な「創作性（選択の幅ともいう）」が認められないからと考えられる。

　このほか，そもそも著作物性がないことを前提として，違反申告をして問題となったケース（大阪地判令和6年1月16日）もあるところ，このような違反申告を行うにあたっては，権利侵害の有無について精査したうえで対応することがビジネス上も重要である。

（舟橋和宏）

第1章 国内判例 221

5 ブラウン管事件最高裁判決（最（第三）判平成29年12月12日（民集71巻10号1958頁・審決取消請求事件））

（1） 事案の概要

マレーシアに本店を置くテレビ用ブラウン管の製造販売業者である上告人を含む複数の事業者らが，国外において，テレビ用ブラウン管の販売価格の引き上げに関して合意し，国外所在の外国企業に対して当該合意の対象となる商品が販売され，日本国外で引き渡されたという事案において，日本の独禁法の課徴金納付命令に関する規定の適用の可否が争われた。上告人は課徴金納付命令の取消しを求める審判請求をしたものの，これを棄却する旨の審決を受けたため，本件審決の取消しを求めた。

（2） 裁判所の判断

「独禁法は，国外で行われた行為についての適用の有無及び範囲に関する具体的な定めを置いていないが，同法が公正かつ自由な競争を促進することなどにより，一般消費者の利益を確保するとともに，国民経済の民主的で健全な発達を促進することを目的としていること（第1条）等に鑑みると，国外で合意されたカルテルであっても，それが我が国の自由競争経済秩序を侵害する場合には，同法の排除措置命令及び課徴金納付命令に関する規定の適用を認めていると解するのが相当である」，と述べたうえで，「本件のような価格カルテル（不当な取引制限）が国外で合意されたものであっても，当該カルテルが我が国に所在する者を取引の相手方とする競争を制限するものであるなど，価格カルテルにより競争機能が損なわれることとなる市場に我が国が含まれる場合には，当該カルテルは，我が国の自由競争経済秩序を侵害するものということができる」とし，具体的な本件の事情のもとで，その適用を肯定した。

（3） コメント

本件においては，課徴金納付命令の対象となった上告人らが，日本企業たるテレビメーカーの子会社ないし製造委託先であり，親会社ないし製造委託元の日本企業が購買活動に一定の関与を行っていたという点のみが日本との関わり

であった。しかしながら，カルテルの対象たる製品が実際に日本国内で販売されたか否かではなく，「競争が我が国に所在する需要者をめぐって行われるもの」であるか否かが適用可否の基準とされ，購入対象となったブラウン管を用いて製造したテレビの販売事業を統括・遂行していた主体は誰か，ブラウン管購入時の重要な取引条件の決定を誰が行っていたのか，ブラウン管購入の交渉に親会社側がどの程度関与していたのかなどの点がポイントとなり，「一体不可分」の関係であったと認定された。

（4） 弁護士の視点

　国内法令の域外適用については，行政法分野においても，刑法などと同様に，基本的には属地主義の考え方がとられており，従来は域外適用に消極的であったといえる。しかしながら，近時，所管する省庁において個々の法令ごとにこれを拡張する解釈をとる場合もあり，また本件事案のように当該解釈を裁判所も認めることがある。積極的な域外適用の解釈がとられているものの，その点が明文化されていない法令などもあり，自社の事業が関係する各法令の域外適用の可能性やその範囲について，個別に慎重な検討と判断が必要となる。

（川野智弘）

第2章

海外判例

1 Fabian v. Renovate Am., Inc., 42 Cal.App.5th 1062 (2019) 255 Cal.Rptr.3d 695（米国判例）

（1） 事案の概要

Fabianは，購入したソーラーパネルについてRenovate社に対して提起した訴訟において，電話勧誘による契約であると主張した。一方，Renovate社は米国電子署名法（ESIGN Act），15U.S.C.§7001et seq. に準拠した方法で成立し，同契約による仲裁合意があったと反論した。第1審は，Fabianが電子的に契約を成立した証拠を示せず，仲裁強制申立てを認めなかった。

（2） 裁判所の判断

米国California州控訴裁判所は以下のとおり判断した，①Fabianの印刷された電子イニシャルと署名が記載された契約書がDocuSignによって認証されたものであると主張したが，この事実だけでは，Renovate社に有利な結果を強制するには不十分，②Fabianの電子署名は本物であるとしたRenovate社の主張を認めず，提出した証拠は不十分である。

（3） コメント

本人が成り代わって電子署名をした可能性があるため，電子署名を使用する場合でも十分な記録を提供できるかが問題となる。電子署名をしたとしても身元確認が重要になり，裁判において電子署名の記録を提出することで契約成立を立証できるか問題となる。

実際，DocuSign社のAudit Trailは，契約書に署名していない，または契約書に記載された条件に拘束されることを意図していないという当事者の申立て

224 第4部 判例編

を受けているが，拘束力があり，強制力のある契約の証拠として信頼されると
している判決も数多くある。

（4） 米国弁護士の視点

　ESIGN Actとは，連邦法であり，モデル法であるUETA法（Uniform Electronic Transactions Act，統一電子取引法）に基づく州法が制定されており，要件を満たせば，一定の除外契約を除き電子署名が手書き署名と同等の法的効力を持つことを認めている。

　なお，すべての州で制定されているわけではない（48州，ワシントンDC等）。また電子署名の定義は広範で，双方が合意していれば手書きされた署名をスキャンしたPDFも電子署名として認められている。具体的要件としては，文書に署名する意思があり，電子署名の同意があり，電子署名された記録があり，締結されたデータを受領し，記録が保存されて検索が可能であることである。

（吉川達夫）

2　Solartech Renewables LLC v. Vitti, 156 A.D.3d 995; 66 N.Y.S.3d 704（2017）（米国判例）

（1） 事案の概要

　Solartech Renewables LLC（原告）は，Vitti（被告）の土地を購入するオファーレターを電子メールに添付して被告に送付した。これに対して被告は，条件の変更を求めるサイドレターを作成し電子メールに添付して原告に送付した。このサイドレターには被告の名前がタイプはされていたが，被告自身の署名はなかった。

　これを受けて，原告は印刷したサイドレターに署名をし，それをスキャンし電子メールに添付して被告に送付した。しかし，被告が別の太陽光発電業者と土地についての独占契約を締結したことから，原告は被告が契約に違反したとして，訴えを提起した。

第2章　海外判例　225

（2）　裁判所の判断

当該契約は不動産の権利に関するものであるため，詐欺防止法が適用され，書面での締結が必要である。よって契約を強制される当事者の署名が必要となるが，サイドレターには，被告の氏名のタイプがあるだけで署名がない。したがって，当該契約は詐欺防止法の要件を満たしておらず，無効である。

（3）　コメント

NY州の電子署名および記録法（以下，ESRA）の規定から，当事者が送信した電子メールに，送信者の名前がタイプされている場合は，詐欺防止法上，文書を構成する可能性があるが，本件で問題となっているのは，（電子メール自体ではなく）電子メールに添付されたサイドレターが詐欺防止法上の文書を構成するかどうかである。

電子メールや同様の電子的記録と違い，電子メールに添付されたレターは署名を付すことが容易であることから，裁判所は，このESRAの規定の適用を認めなかった。

（4）　米国弁護士の視点

PDFを用いた契約の締結は減少していると思われるが，今後も使われる機会が皆無とはいえないだろう。その場合，本判例でも明らかになったように，電子契約や電子メールでの契約の締結と違って，詐欺防止法との関係等で紙ベースの契約書と同様の配慮が必要となる場合があるので留意が必要と思われる。

（飯田浩司）

226　第4部　判例編

3　メタ・プラットフォームズ・アイルランド・リミテッド（メタIE）の質問に対するアイルランド情報保護委員会（DPC）の結論（2023年5月22日）（アイルランド判例）

（1）　事案の概要
　メタ・プラットフォームズ・アイルランド・リミテッド（メタIE）は，EU・EUAからアメリカ合衆国へFacebookのサービスに関し，CJEU's judgment in *Data Protection Commissioner v. Facebook Ireland Limited and Maximillian Schrems*後も個人情報を国際移転していた。

（2）　裁判所の判断
　アイルランドのデータ保護委員会（DPC）は，メタIEに対し，下記の発表をした。
1　GDPR第58条（2）（j）に従い，メタIEに対し，DPCの決定がメタIEに通知された日から5ヵ月以内に，今後の米国への個人データの移転を停止することを求める命令。
2　12億ユーロの行政罰金（EDPBが行政罰金を課すべきと判断したことを反映したもので，違反が認められたことを制裁するもの。DPCは，EDPBの決定に含まれる評価および決定を参照して，課される罰金の額を決定した）。
3　GDPR第58条（2）（d）に基づき，メタIEに対し，DPCの決定がメタIEに通知された日から6ヵ月以内に，GDPRに違反して移転されたEU/EEAユーザーの個人情報の米国内での保管を含む違法な処理を中止することにより，その処理業務をGDPR第5章に準拠させることを求める命令である。

（3）　コメント
　欧州でのプライバシーの侵害に関する巨大テック企業への制裁金の規模では2024年8月時点において過去最大となる。DPCは5ヵ月以内に米国への個人データの移管を停止するよう命じたことで，Facebookの欧州事業にも打撃を

与える可能性がある。

（4）　弁護士の視点

　2023年9月にEU-US Data Privacy Frameworkが合意された。しかしながら，当該フレームワークの適法性についてすでに訴訟が提起されている。EU/EEAから米国へ追加の条件なしに個人情報を移転しようとする試みは，セーフハーバールールや米国プライバシーシールド等に続き3回目の試みとなる。

（内田慶子）

【編著者紹介】

吉川　達夫（よしかわ たつお）

ニューヨーク州弁護士。伊藤忠商事株式会社法務部，Apple Japan法務本部長，VMware株式会社法務本部長，WeWork合同会社Regional General Counsel，米国Tanium, Inc. Contract Attorneyを経て米国IT日本子会社Director, Senior Counsel，株式会社M&Aコンサルティング執行役員法務部長，Georgetown University Law School修了（LL.M.）。

著書：『国際ビジネス法務』第3版（編著，第一法規，2024年），『実務がわかるハンドブック契約法務・トラブル対応の基本』国内契約書編／英文契約書編（編著，第一法規，2023年），『ハンドブック　アメリカ・ビジネス法第2版』（編著，第一法規，2022年）『実務がわかるハンドブック　企業法務［改訂第3版］』（編著，第一法規，2021年），『ライセンス契約のすべて改訂版（改正民法対応）』基礎編（編著，第一法規，2020年），『ライセンス契約のすべて』実務応用編（編著，第一法規，2025年），『これ1冊でわかる会社運営と書式対応の基本』（編著，第一法規，2019年），『ダウンロードできる英文契約書の作成実務』（編著，中央経済社，2018年）他。

高仲　幸雄（たかなか ゆきお）

弁護士。中山・男澤法律事務所パートナー，国士館大学21世紀アジア学部非常勤講師，早稲田大学法学部卒

著書：「人事労務制度使いこなしマニュアル」（単著，中央経済社，2011年），「実務家のための労働判例読みこなし術」（単著，労務行政，2013年），「同一労働同一賃金Q&A―ガイドライン・判例から読み解く〔第3版〕」（単著，経団連出版，2020年），「図解　人事・労務の基本と実務」（単著，労務行政，2020年）など。

飯田　浩司（いいだ ひろし）

ニューヨーク州弁護士。松下電工株式会社（現パナソニック株式会社）法務部課長，ファイザー株式会社取締役，コロムビアミュージックエンタテインメント株式会社（現・日本コロムビア株式会社）執行役，明治学院大学大学院法務職研究科教授を経て，現在同大学経済学部，大学院法と経営学研究科教授，同志社大学大学院法学研究科，同大学院ビジネス研究科非常勤講師。同志社大学文学部社会学科，同法学部卒，Georgetown Univ. Law School修了（LL.M.）。

著書：『ダウンロードできる英文契約書の作成実務』（編著，中央経済社，2018年），『国際取引法と契約実務［第3版］』（共著，中央経済社，2013年），『ハンドブック アメリカ・ビジネス法［第2版］』（編著，第一法規，2022年），『ライセンス契約のすべて 基礎編［改訂版］』（編著，第一法規，2020年）他多数。

【執筆者紹介】

宗像　修一郎（むなかた しゅういちろう）

ニューヨーク州弁護士。都市銀行法務部，外資系金融機関法務部・コンプライアンス部を経て外資系事業会社リーガルカウンセル，University of Pennsylvania Law School修了（LL.M.）。
著書：『国際ビジネス法務［第3版］』（共著，第一法規，2024年）『実務がわかるハンドブック　企業法務［改訂第3版］』（共著，第一法規，2021年），『これ1冊でわかる会社運営と書式対応の基本』（共著，第一法規，2019年）。

川野　智弘（かわの ともひろ）

弁護士。レゾネイト法律事務所代表。東京薬科大学生命科学部非常勤講師，早稲田大学法務教育研究センター講師。その他，知的財産権，情報法及びデジタルアーカイブ関係にて，各種団体に携わる。
著書・論文：『エンターテインメント法務Q&A（第4版）』（共著，民事法研究会，2024年），「実務がわかるハンドブック　契約法務・トラブル対応の基本［英文契約書編］」（共著，第一法規，2023年），「個人情報保護法と業法—改正電気通信事業法を検討対象として」『情報法制研究　第12号』（有斐閣（情報法制学会編），2022年），「デジタルアーカイブ・ベーシックス　知識インフラの再設計」（共著，勉誠出版，2022年）。

原田　真（はらだ まこと）

弁護士，アクセス総合法律事務所代表。
著書：『実務がわかるハンドブック　企業法務［改訂第3版］』（共著，第一法規，2021年）。

舟橋　和宏（ふなばし かずひろ）

レイ法律事務所弁護士（東京弁護士会所属），駒澤大学法科大学院非常勤嘱託（アドバイザー弁護士）。メディア・エンターテインメント案件を多く扱うレイ法律事務所にて，著作権，商標権等知的財産関連法務，実演家の権利問題，炎上・誹謗中傷問題等を扱う。マンガ・アニメーションなどの趣味が高じて，映像制作会社をはじめとした企業，個人顧問業務等を担当。企業・団体に対する著作権セミナーなども多数実施。明治大学法学部法律学科卒，駒澤大学法科大学院修了。都内法律事務所での勤務を経て現職。
著書：『実務がわかるハンドブック　契約法務・トラブル対応の基本［国内契約書編］』（共著，第一法規，2023年）等。

藤枝　典明（ふじえだ のりあき）

弁護士。弁護士法人内田・鮫島法律事務所。三菱重工業株式会社の法務部門及び営業部門，ジオテクノロジーズ株式会社の法務部門を経て，弁護士登録。一橋大学法学部法律学科卒。主にソフトウェア開発やデータ取引等のIT分野の法務・知財業務に従事する。
著書・論文：『司法試験・予備試験　社会人合格者のリアル』（共著，中央経済社，2022年6月），『デジタルツインにおける他社知的財産権の侵害防止』（ビジネス法務2023年8月号），

『キャリアアップのための法務リスキリング 第1回』（ビジネス法務2023年9月号），『オープンイノベーション時代の技術法務 スタートアップの知財戦略とベストプラクティス』（共著，日本加除出版，2024年6月）。

内田　慶子（うちだ けいこ）

弁護士。証券会社，信託銀行，東京大学先端科学技術研究センター助教（当時），保険会社を経て現在医療機器製造販売会社の法務コンプライアンス部門長及び経営陣の一員。Legal 500のGC Power List in 2023に選出される。

著書：『実務がわかるハンドブック　契約法務・トラブル対応の基本［国内契約書編］』（共著，第一法規，2021年）。

野上　真穂（のがみ まほ）

GMOペパボ株式会社 法務部長を経て，現在は，取締役CIO（Chief Integrity Officer）経営管理部長として法務部門を管掌。新潟大学法科大学院実務法学研究科修了。

著書・論文：『実務がわかるハンドブック企業法務［改訂第3版］』（共著，第一法規，2021年），『法務の「見える化」で変わる！ ソフトウェア開発の手法を応用した総会準備改革』（中央経済社，ビジネス法務 2017年10月号），『RPAツールで実現　法務審査のプロセスオートメーション』（中央経済社，ビジネス法務 2023年5月号）。

北島　岳（きたじま たけし）

一般社団法人アストロノーツ　法務管掌役員，株式会社ポーラ・オルビスホールディングス法務総務室，元梅花女子大学非常勤講師，企業研究会『法務基礎と実務対応』外部セミナー講師，元ビジネスキャリア検定試験　試験作成委員，テキスト・問題集執筆，筑波大学法科大学院卒。法務博士。

著書：『知的財産法判例ダイジェスト』（共著，税務経理協会），『Check & Draft 国際契約―英・中対案文例集』（共著，第一法規，2012年）。

デジタル時代の契約書作成と締結実務

2025年4月15日　第1版第1刷発行

編著者	吉高	川仲	達幸	夫雄
	飯田		浩	司継

発行者　山　　本　　　　　継

発行所　㈱中　央　経　済　社

発売元　㈱中央経済グループ
　　　　パ ブ リ ッ シ ン グ

〒101-0051　東京都千代田区神田神保町1-35
電話　03 (3293) 3371 (編集代表)
　　　03 (3293) 3381 (営業代表)
https://www.chuokeizai.co.jp
印刷／三英グラフィック・アーツ㈱
製本／侑井 上 製 本 所

© 2025
Printed in Japan

＊頁の「欠落」や「順序違い」などがありましたらお取り替えいた
しますので発売元までご送付ください。(送料小社負担)
ISBN978-4-502-53041-8　C3034

JCOPY 〈出版者著作権管理機構委託出版物〉本書を無断で複写複製 (コピー) することは,
著作権法上の例外を除き，禁じられています。本書をコピーされる場合は事前に出版者著
作権管理機構 (JCOPY) の許諾を受けてください。
　JCOPY 〈https://www.jcopy.or.jp　eメール：info@jcopy.or.jp〉